Mosaik

Sich selbst finden in der Stille

Entspannung, Meditation, innere Einkehr im Kloster

von
RUDI HOLZBERGER
und
HELGA KESSLER

MOSAIK VERLAG

Fotografien: Claudia Thoma, Dieter Zinn
Anne-Marie Grobet, Ernst Fesseler

Redaktion: Monika König
Layout: Gundula Duda

Autoren der einzelnen Kapitel:
Die Töchter Benedikts: Helga Keßler
Die Gotteslust der Kartäuser: Rudi Holzberger
Die Klöster öffnen sich: Helga Keßler

Der Mosaik Verlag ist ein Unternehmen der Verlagsgruppe Bertelsmann

Satz: Filmsatz Schröter GmbH, München
Reproduktionen: Artilitho, Trento
Druck und Bindung: Mohndruck Graphische Betriebe GmbH, Gütersloh
ISBN 3-570-02186-6 · Printed in Germany

INHALT

Vorwort

Es ist schwer geworden, aus der zivilisierten Welt auszubrechen. Je vielfältiger die Angebote zur Zerstreuung werden, um so weniger befriedigen sie uns wirklich. Die Kultur dreht sich im Kreise, bei allen touristischen Erkundungen treffen wir immer wieder auf uns selbst. Und doch suchen nach wie vor viele Menschen nach einem echten Sinn ihres Lebens. Kein Wunder, daß fernöstliche Philosophien mit ihren Gurus so verlockend schienen oder der Boom an Lebenshilfe rund um das »Gemischtwarenangebot« der Psychologen. Aber auch da blieb meist Enttäuschung zurück, führte die Suche ins Leere.

Immerhin: Bei der weiten Reise nach Fernost entdeckten wir, daß auch vor unserer Haustür uralte Traditionen existieren, in denen sich mindestens ebensoviel philosophische Lebenshilfe finden läßt – die Welt der Klöster. So lange verdrängt, oft sogar nur noch belächelt, begreifen wir plötzlich die Klöster wieder in ihrer ganzen faszinierenden Andersartigkeit. Die alternative Welt, die Utopien eines besseren Lebens, die radikale Abkehr von der weltlichen Gier – in den Klöstern wird der Versuch, einfach anders zu leben, seit zweitausend Jahren gelebt und erprobt. Und so drängt es viele Menschen zur inneren Einkehr, zur »kleinen Flucht« aus dem Alltag, für ein paar Tage der Stille ins Kloster. Die Männer und Frauen aus den Orden nehmen ihrerseits die Herausforderung an, öffnen ihre Pforten, bieten Gespräche, Kurse in Meditation oder auch die »hohe Schule« der Exerzitien. Beide Seiten lernen voneinander, bauen die Vorurteile ab, nähern sich vorsichtig den alten und neuen religiösen Gedanken. Im Kloster läßt sich besser als anderswo die verlorene Harmonie wiederfinden. Einige Tage des Schweigens, die Teilnahme an einer nächtlichen Messe, das überzeugend bescheidene Leben der Klosterleute, können bei manchen Menschen entscheidende Veränderungen anregen.

So haben wir mit diesem Buch den Versuch unternommen, unsere eigenen Erfahrungen und Eindrücke mit dem »Abenteuer Kloster« zu schildern. Vor allem aber wollen wir mit vielen Tips, Hinweisen und Hintergrundwissen auch anderen Interessierten helfen, sich dem Kloster »auf Zeit« zu nähern, sich selbst in der Stille zu finden. Die modernen Klöster bieten vielfältige Angebote von Besinnung, Entspannung, aktiver Handarbeit, Erlebnis der Natur, für Meditation oder die Exerzitien als »Schule des Willens«. Jene Projekte jedoch, die unter so klingenden Namen wie »Manager Meditation« lediglich (leere) alte Klöster für viel Honorar als stilvollen Rahmen »verkaufen«, finden hier keinen Platz. Klosterleben ist Auseinandersetzung sowohl mit dem Leben der Nonnen und Mönche wie mit dem eigenen Leben, ein geistiger Aktivurlaub.

Wir bedanken uns bei allen Klöstern, die uns bereitwillig aufgenommen haben.

Helga Keßler, Rudi Holzberger

Die Töchter Benedikts

Nonnenleben zwischen gestern und heute

Die Harmonie von Geist und Natur scheint die Prozession der Benediktinerinnen zu beschwören. Und tatsächlich haben die Klöster viel davon erhalten. Oft haben sie sich schon beim Bau malerische Landschaften gesucht wie Kloster Kellenried in Oberschwaben (Abbildung Seite 8/9), viele Klöster pflegen aber auch noch einen naturnahen Gartenbau mit alten Obstanlagen.

Gott segne unseren Garten und unserer Hände Arbeit. Die Arbeit im Garten und die handwerkliche Betätigung zählen zum Alltag im Kloster.

Es darf gelacht werden: Das Leben im Kloster ist keine harte Fron, in den schwesterlichen Gemeinschaften sind die Menschen meist gelöster als in der Welt draußen.

FRAUENWÖRTH: INSEL DER STILLE

Pünktlich um 12.20 Uhr verläßt unser Boot den kleinen Hafen von Gstadt. Die drei Inseln vor uns sind traumhaft gelegen; im Hintergrund erkennen wir die Gebirgsmassive der deutschen und der österreichischen Alpen. Die Krautinsel, die kleinste, ist von Bäumen und Sträuchern überwachsen, auf der zweiten, der Herreninsel, steht Herrenchiemsee, das Schloß des exzentrischen Bayernkönigs Ludwig II. Unser Boot fährt zur dritten Insel. Wir erreichen sie nach etwa zehn Minuten. Zusammen mit einer Herde von Ausflüglern – in den Sommermonaten sind es mehrere hundert pro Tag – betreten wir den Landesteg. Dort kündigt ein großes Schild an, daß wir auf der »Frauen-Insel« angekommen sind. Sie heißt so, weil sich dort auch heute noch ein Frauenkloster befindet: die Abtei Frauenwörth. Das Gebäude liegt gut versteckt hinter hohen Mauern; trotzdem strömt die Touristenschar, die mit uns angekommen ist, zielstrebig Richtung Klosterpforte.

Dort erkunden die Besucher zuerst den Klosterladen oder versuchen, durch das schmiedeeiserne Gitter einen Blick ins Innere des Klosters zu erhaschen, falls nicht schon zu viele auf dieselbe Idee gekommen sind; denn oft drängt sich dort eine Traube von Menschen. Die erste Reihe ist gar mit Teleobjektiven bewaffnet, die durch die Lücken zwischen den Eisenstäben geschoben werden. Ist das nur banale Neugier, dadurch ausgelöst, daß das Objekt der Begierde von hohen Mauern umgeben und kaum einsehbar ist – der Reiz des »claustrum« – des abgeschlossenen Raumes? Oder steckt mehr hinter diesem Verhalten? Jeder hat seine eigenen mehr oder weniger diffusen Vorstellungen vom Leben hinter Klostermauern. Und je weniger wir tatsächlich wissen, desto mehr Raum gewinnt die Phantasie. Wenigstens einen Blick möchten alle werfen auf die anachronistisch anmutende »Insel der Stille« inmitten einer hektischen Umgebung. Wie sehen die fremden Frauen aus, die da drinnen leben? Warum leben sie dort und wie? Fühlen sie sich eingesperrt in ihrem »Gefängnis« oder sind sie froh, den gierigen Blicken von draußen entronnen zu sein? Es sind dieselben Fragen, die auch uns hierher gelockt haben. Nur: Wir haben bessere Chancen, Antworten zu erhalten, denn wir sind angemeldet. Schwester Caritas kommt uns entgegen, öffnet das Tor mit einem großen Schlüssel, den sie unter ihrem Skapulier hervorkramt.

Wir sind drin, stehen in einem begrünten und bepflanzten Innenhof, der von den hohen Mauern der weißen Klostergebäude begrenzt wird. Ordentlich ist es hier und ruhig, sehr ruhig, im Vergleich zum Lärm draußen. Und das, obwohl zur Zeit sechsundvierzig Ordensfrauen hier leben, achtunddreißig mit sogenannter ewiger Profeß und – eine Besonderheit in den meist von Nachwuchssorgen geplagten Klöstern – acht Novizinnen. Normalerweise, wenn gerade keine Schulferien sind, bewohnen etwa 150 Internatsschülerinnen

Ankunft auf der Fraueninsel: Der Campanile, Wahrzeichen der Insel, begrüßt die Besucher schon von weitem. Vom Landesteg führt der Weg direkt zum Kloster der Benediktinerinnen.

einen Gebäudetrakt des Klosters, und die Kleinen der Insel besuchen dort den Kindergarten. Doch im Sommer, wenn die Ordensfrauen unter sich sind, ist es ruhig, noch ruhiger als sonst. Autolärm gibt es nicht – auf der Insel ist selbst das Fahrradfahren verboten. Nur die Tiefflieger erinnern zumindest akustisch daran, daß wir im zwanzigsten Jahrhundert leben. Schwester Clara begrüßt uns im Gästehaus und überreicht uns einen Schlüssel, damit wir jederzeit die Klostermauern verlassen können. Das ist Prinzip hier: Jede – auch die Ordensfrau – soll jederzeit gehen können, was diese allerdings selten in Anspruch nimmt.

»Jetzt gehen Sie erst mal baden, ruhen Sie sich aus hier«, meint Schwester Clara. Wir sind aber nicht zum Ausruhen hergekommen, sondern mit einem Katalog von Fragen und einer Menge unbelichteter Filme. Also gut, keine Hektik, lassen wir's ruhig angehen. Wir sehen uns die Insel an, in einer guten Viertelstunde ist sie zu umrunden, flüchten nach kürzester Zeit wieder aus dem Klostercafé, dem Touristentreff, und sind schließlich froh darüber, daß uns die Klostermauern von dem Trubel außerhalb trennen.

In meinem Zimmer finde ich Lektüre über die inzwischen 1200jährige Geschichte des Klosters. Die Anfänge der Ordensgründung sind jedoch nicht mehr eindeutig zu belegen. Der Historiker

Oase oder Gefängnis? Mauern schließen ein oder aus – die Nonnen suchen die Einsamkeit hinter Klostermauern. Nur selten und in begründeten Fällen verlassen sie ihr Haus.

Johann Doll geht davon aus, daß es mit einem Doppelkloster begann: »Herren- und Frauenkloster standen also nebeneinander in enger Verbindung auf der heutigen Fraueninsel.« Vielleicht aber befanden sich die beiden Klöster immer schon auf getrennten Inseln. Schwer zu sagen, wie es wirklich war, denn das »Herrenkloster«, das der zweiten Insel ihren Namen gab, existiert schon lange nicht mehr. Sicher ist, daß Tassilo der Dritte, der letzte Agilolfinger-Herzog, die Abtei um 770 stiftete. Wahrscheinlich hatten aber schon hundert Jahre vorher irische Mönche ihre Missionsstützpunkte auf den Chiemseeinseln. 817 erbte der Frankenkönig Ludwig der Deutsche, ein Enkel Karls des Großen, das Kloster. Er beauftragte seine zweitälteste Tochter Irmengard, das Kloster zu erneuern und auszubauen. Als 907 die Ungarn in Bayern einfielen, traf ihre Zerstörungswut auch die Chiemseeklöster. Das der Männer wurde so gründlich verwüstet, daß es nicht wieder errichtet wurde. Vom Frauenkloster blieb außer den Fundamenten nur die Torhalle, heute eines der ältesten Baudenkmäler Bayerns, stehen. 924 begann Äbtissin Engillind mit dem Wiederaufbau des Klosters, einem von vielen, denn in den folgenden Jahrhunderten wurde es immer wieder zerstört. Das Brandunglück von 1491 überlebte nur der Glockenturm, das Wahrzeichen der Fraueninsel. Die Klostergebäude in ihrer heutigen Form entstammen dem Jahre 1730.

Neugier und Respekt: Was so gut verborgen ist, reizt zu neugierigen Blicken, manchmal zu hämischen Kommentaren von Zynikern.

Das Gästehaus, in dem wir untergebracht sind, befindet sich zwar innerhalb der Klosteranlagen, dennoch fühlen wir uns etwas isoliert. Der Eindruck verstärkt sich im Lauf des Tages noch: Sobald die Schwestern uns erblicken, ergreifen sie die Flucht. Warum das so ist, wird uns erst in den nächsten Tagen klar. Die Nonnen haben in der Vergangenheit schlechte Erfahrungen mit Journalisten gemacht. Offensichtlich sind die meisten Fremden nicht in der Lage, den Verzicht der Nonnen auf einen weltlichen Partner zu verstehen oder zumindest zu respektieren. Auch die Neugier und Impertinenz vieler Touristen hat die Nonnen scheu und sehr vorsichtig werden lassen. Da fühlen auch wir uns beinahe wie Eindringlinge ...

»Siebenmal am Tag singe ich dein Lob«, so sagt es der Prophet, und so steht es in der Regel des heiligen Benedikt. Für die genaue Einhaltung der Gebetszeiten sorgt die Äbtissin des Klosters.

Sollen wir sie in Ruhe lassen, wieder abreisen? Aber die Klosterfrauen müssen doch ein Interesse daran haben, ihre Lebensphilosophie zu verbreiten, oder? Ich frage die Äbtissin. »Wissen Sie, das, was wir tun, ist nicht besonders aufregend. Außerdem haben Sie eine schlechte Zeit ausgesucht. Etliche von uns sind zur Zeit im Urlaub.« Ich bin etwas verblüfft. Seit wann gehen Klosterfrauen in Urlaub und wohin? Nein, nach Mallorca fliegen sie nicht. Sie besuchen ihre Eltern und Freunde oder erholen sich in Klöstern desselben oder eines anderen Ordens. Dort, in einer neuen Umgebung, können sie genau das tun, was sie in ihrem Stammkloster, das sie übrigens bis an ihr Lebensende nicht mehr verlassen, nicht dürfen: aus dem benediktinischen Tagesablauf des »ora et labora« – bete und arbeite – ausbrechen.

Diese beiden Tätigkeiten bestimmen das Leben der Benediktinerinnen: »Gebet und Arbeit sind in harmonischem Wechsel über den Tag verteilt, um in allem Gott zu verherrlichen«, so sagt es die Ordensregel, die *Regula Benedicti* (RB). Der Tag in Frauenwörth beginnt früh am Morgen: Gegen fünf Uhr stehen die Ordensfrauen auf, um viertel vor sechs treffen sie sich zum Morgenlob (Laudes), dem ersten von sieben »Stundengebeten«, im Chor, einer kleinen Kapelle.

Es ist immer dasselbe Bild: Von allen Richtungen nähern sie sich schweigend der Kapelle. Dort sucht jede ihren Stammplatz auf und wartet auf die Eröffnung der Gebetszeit durch die Äbtissin. Diese schlägt kurz aber energisch mit einem Hämmerchen auf ihr Lesepult. Die Laudes kann beginnen. Zwanzig Minuten singen und beten die Nonnen, normalerweise in deutscher, an Festtagen in lateinischer Sprache. Themen ihrer Fürbitten sind die Krisenherde der Welt, Hungersnöte, »die Auseinandersetzungen um den Einsatz der Atomenergie«, das Wohlergehen der nächsten Verwandten und Freunde – und sie beten täglich für die »Bekehrung Rußlands«. Die Ordensfrauen sind es gewohnt, für andere zu beten, und sie werden brieflich oder direkt von den weniger Frommen dazu aufgefordert.

Nach der Laudes folgt eine Heilige Messe, zelebriert vom Gemeindepfarrer – zu diesem Dienst und zur Abnahme der Beichte ist

Ora et labora: Der Rhythmus von Gebet und Arbeit bestimmt den Tag der frommen Frauen. Jede erledigt, so lange sie kann, die von der Äbtissin aufgetragene Arbeit – die Pflege des Klosterfriedhofs ist Aufgabe von Schwester Franziska.

die Frauengemeinschaft nach wie vor auf die Assistenz eines Mannes angewiesen.

Um sieben Uhr gibt es Frühstück. Meist läuft dabei der Lokalsender Bayern II, die Frühnachrichten. Um acht Uhr beginnen die Frauen mit der Arbeit. Schon bei Benedikt hatte Handarbeit den gleichen Stellenwert wie Anstrengung des Geistes, Kopfarbeit. Im Laufe der Jahrhunderte hatte sich dies geändert – erst das Zweite Vatikanische Konzil brachte eine Korrektur. Seither gibt es keine Trennung mehr in Laienschwestern, die eher für die körperliche Arbeit zuständig waren, und dem Gebet verschworene Chorfrauen. Welche Arbeiten die Nonnen zu verrichten haben, bestimmt die Äbtissin – und es kann schon vorkommen, daß die Wahl nicht im Sinne der Betroffenen ausfällt. »Gottes Wege sind unergründlich«, meint Schwester Eugenia, die zukünftige Apothekerin der Abtei. Sie kommt aus Kalifornien, hat dort Pharmazie studiert und kam nach Europa, um in einen Orden einzutreten und um »nie wieder als Apothekerin« zu arbeiten. Doch in der Abtei Frauenwörth befindet sich eine Apotheke für die Insel. Außerdem wird dort seit etwa 400

Kräuterextrakte: Labsal für Gesunde und Kranke. Nach geheimgehaltenen Rezepten werden vier Sorten Kräuterlikör gemischt – das Magentonikum Amarabon ist ein bewährtes Hausmittel aus der Klosterapotheke.

Jahren das Magentonikum »Amarabon« hergestellt. Als die letzte Apothekerin starb, war klar, daß Schwester Eugenia ihre Nachfolge antreten und zukünftig die Kräuter und Wurzeln für die Chiemseer Kräutertropfen mischen würde. Sie hat sich dem Willen der Äbtissin gefügt und absolviert derzeit ein Praktikum in der Priener Apotheke, um die deutsche Zulassung zu erhalten. Denkt sie jetzt daran, wieder wegzugehen? »Nein, ich gehöre hierher, es sollte so sein.« Schwester Eugenia gehorcht, entsprechend dem Gelübde des Gehorsams.

Vier Nonnen unterrichten als Lehrerinnen in der Schule, die 1988 ihr 150jähriges Jubiläum feierte. Ohne die Schule gäbe es heute vermutlich kein Kloster auf der Insel, denn die Säkularisation im Jahre 1803 traf auch die Abtei Frauenwörth.

Die Phase der »Verweltlichung« von geistlichem Besitz, die in Deutschland nach der Französischen Revolution ihren Höhepunkt erreichte, markiert den Tiefpunkt des Ordenslebens in Europa. »Von 1500 Benediktinerklöstern, welche zur Zeit des Konstanzer Konzils (1414 bis 1418) bestanden, überdauerten gerade dreißig den Sturz Napoleons«, schreibt Max Heimbucher. Die übrigen wurden aufgelöst, ihre umfangreichen Besitztümer (Äcker, Teiche, Weiher) geschätzt und dann zum Kauf angeboten. Aus Klostergebäuden wurden Kasernen, Zuchthäuser und Irrenanstalten. Kunstschätze, kirchliche Gefäße und Gewänder, die Archive und Büchereien wurden beschlagnahmt oder vernichtet, die Glocken zerschlagen oder versteigert.

Geistliche und Weltliche: in Spannung

Vorreiter der »fast vollständigen Beraubung« der Klöster war Bayern, das per Reichsdeputationshauptschluß von 1803 die Auflösung sämtlicher bayerischer Klöster verfügte, weil sie »nicht mehr zeitgemäß« seien. 1803 reist Regierungskommissär Stecher nach Frauenwörth. Er zählt die Barschaft und schätzt den materiellen Wert des gesamten Klosterbesitzes. Er zählt die Eisengitter an den Fenstern, wiegt die Kupferdachrinnen und schätzt den Wert von Klostergebäude, Kuhstall, Brauhaus, Pfarrhaus und was sonst noch dazugehört und kommt auf die Summe von 22414 Gulden und vierzehn Kreuzer – das Anwesen wird zum Kauf angeboten. Doch es findet sich kein Käufer, die Klosterfrauen dürfen bleiben, wenn sie wollen. Dennoch hätte das Kloster diese Phase beinahe nicht überstanden: vierzehn Frauen verlassen den Konvent, fünfzehn bleiben. Dreißig Jahre später ist der Klosterbestand auf fünf Frauen geschrumpft, denn Novizinnen dürfen nicht aufgenommen werden. 1836 schließlich erlaubt und fördert König Ludwig I. einen Neubeginn des Klosters unter einer Bedingung: Das Kloster soll ab sofort Erziehungsanstalt für die Töchter des höheren Standes und Arbeitsschule für die Mädchen des Ortes sein. Heute bietet die »Irmgard-Berufsfachschule für Hauswirtschaft und für Kinderpflege« 150 Internatsplätze für Mädchen, die meist aus der näheren Umgebung kommen.

Die meisten Schulbediensteten sind inzwischen »Weltliche« – eine Folge des klösterlichen Nachwuchsmangels, der auch dafür sorgt, daß sich die Ordensfrauen über einen Mangel an Arbeit nicht beklagen können. So arbeiten sie, so gut sie können, bis ins hohe Alter.

Eine Nonne betreut den Friedhof, eine andere den Klostergarten, eine Fünfundsiebzigjährige backt Lebkuchen und produziert Marzipan, eine sitzt an der Pforte und betreut dort nebenbei auch die Funkstation für den Seenotruf.

»An die Pforte des Klosters stellt man einen weisen älteren Bruder, der Bescheid zu empfangen und zu geben weiß und den die Reife seines Charakters vor dem Herumschweifen bewahrt.« (RB)

Eine inzwischen achtzigjährige Ordensfrau malt Ikonen nach alter russischer Tradition, eine sechsundsiebzigjährige Nonne finden wir hinter der Theke des Klostercafés. Gerade ihre Tätigkeit scheint schwer vereinbar mit den benediktinischen Regeln, denn danach sollen auch während der Arbeit die Gedanken bei Gott sein, soll »Gott

Kleidung nach Vorschrift: Am Habit der Nonnen ist ihre Zugehörigkeit zum jeweiligen Orden erkennbar. Links im Bild eine Dominikanerin, daneben zwei Benediktinerinnen: ganz in Schwarz die Nonne, die bereits die ewigen Gelübde abgelegt hat, die Novizin mit weißem Schleier.

Schwester Hildegard und Schwester Candida aus Fulda beim Musizieren.

in allem verherrlicht« werden. Doch sie scheint die Hektik, die sie umgibt, gar nicht zu bemerken... Falls möglich, wird die Arbeit um neun Uhr unterbrochen, zur Terz, einem achtminütigen Gebet. Erlaubt der Arbeitsrhythmus diese kurze Gebetspause nicht, kann die Äbtissin eine Sondergenehmigung erteilen.

»Brüder, die sehr weit entfernt bei der Arbeit sind und nicht rechtzeitig zum Oratorium kommen können – das Urteil darüber steht dem Abt zu –, sollen den Gottesdienst dort halten, wo sie arbeiten, und sollen aus Ehrfurcht vor Gott die Knie beugen.« (RB)

Die Gärtnerin unter den Nonnen hat zu diesem Zweck eine kleine Gebetsecke in ihrem Gartenhäuschen errichtet. Dort kann sie in aller Ruhe und in Arbeitskleidung beten. Zur Sext, um Viertel nach elf, trifft auch sie alle anderen wieder im Chor – zum Gebet. Daran schließt sich das Mittagessen an.

Der Ordensgründer Benedikt hat genau festgeschrieben, was es als Mahlzeit zu geben hatte:

»Wir glauben, daß zur täglichen Hauptmahlzeit, sei sie zur sechsten oder zur neunten Stunde, mit Rücksicht auf die verschiedenen Schwächen für jeden Tisch zwei gekochte Speisen genügen.«... »Ein gut gewogenes Pfund Brot (damals rund 1000 g) genügt für den Tag, ob man nur einmal ißt (an Fasttagen) oder am Mittag und am Abend.«... »War die Arbeit sehr anstrengend, so steht es im freien Ermessen des Abtes, etwas mehr zu gewähren, wenn es angebracht erscheint. Doch muß vor allem die Unmäßigkeit vermieden werden, und nie darf der Mönch bis zur Übersättigung essen; denn nichts verträgt sich so wenig mit jedem Christen wie die Unmäßigkeit.«... »Auf den Genuß des Fleisches von vierfüßigen Tieren aber sollen alle vollständig verzichten, mit Ausnahme der ganz schwachen Kranken. Indessen glauben wir mit Rücksicht auf die Unzulänglichkeit der Schwachen, daß eine Hemina (etwa ein Viertelliter) Wein für jeden täglich reichen sollte.« (RB)

Im Gespräch: die Äbtissin von Frauenwörth.

Doch die Klosterbewohnerinnen sind auch Kinder ihrer Zeit und deren technischen Errungenschaften nicht abgeneigt. Hinzu kommt, daß die Abtei Frauenwörth, wenn Ordensfrauen, Schülerinnen und Gäste vollzählig im Haus sind, ein Großbetrieb mit 400 hungrigen Menschen ist, der seine Mahlzeiten zweckmäßigerweise aus einer Großküche bezieht. So gibt es heute bei den Benediktinerinnen eine fast normale Kost, nur am Mittwoch, Freitag und Samstag ohne Fleisch. Am Sonntagabend wird ein Glas Bier zum Essen gereicht. Auch das Fasten sehen die Nonnen nicht mehr so eng, wer ein Übriges tun möchte, kann ja freiwillig auf bestimmte Speisen verzichten. Über Fünfundsechzigjährige sind von der Fastenordnung ausgenommen.

Was die Benediktinernonnen früherer Zeiten sich in Frauenwörth einverleibten, förderten Ausgrabungsarbeiten, die in den sechziger Jahren im Klosterinnenhof vorgenommen wurden, zutage: Es gab damals vor allem Geflügel. Aus Chroniken des zehnten Jahrhunderts wird deutlich, wie der Orden die Geflügel-Problematik damals löste: Man rechnete sie nicht zu den »Vierfüßlern«, sondern ging davon aus, daß sie »mit den Fischen zur selben Kreatur gehörten«, und Fischgenuß war ja auch in Fastenzeiten erlaubt.

»Beim Tisch der Brüder darf die Lesung nie fehlen.«... »Es soll tiefstes Schweigen herrschen, so daß man kein Flüstern und keine Stimme hört außer der Stimme des Lesers allein. Was die Brüder beim Essen und Trinken benötigen, reichen sie sich gegenseitig, so daß keiner um etwas zu bitten braucht.« (RB)

Die Mahlzeiten werden schweigend eingenommen, um besser zuhören zu können: Eine Mitschwester liest aus einem Buch vor. Heute ist es ein Buch über die Frauen in Bolivien. Keine Spur also von Weltverneinung und Ignoranz gegenüber dem, was draußen vorgeht. »Wir gehen nicht ins Kloster, um die Welt zu vergessen, sondern um Gott zu suchen und zu loben.« Die Gottsuche hält die Nonnen aber nicht davon ab, sich auch mit weltlichen Problemen zu befassen: Zwei Ordensfrauen sind seit Jahren im Gemeinderat der Inselgemeinde. Der Kontakt zu den »Insulanern« ist überhaupt recht gut. Kein Wunder, denn etliche von ihnen arbeiten für das Kloster oder im Kloster selbst, in der Küche, im Laden oder im Café.

Die zwanziger Jahre waren auch für das Kloster schwierige Jahre: Allgemeine Rezession und Arbeitslosigkeit wirkten sich auch auf die Schule aus. Die Schülerinnenzahlen sanken, andere Einnahmequellen mußten erschlossen werden. Nachdem die erste Äbtissin des Klosters, Irmengard, 1929 selig gesprochen wurde und der Wallfahrtstourismus zu ihrer Grabstätte einsetzte, eröffneten die Klosterschwestern eine Kaffeeschänke. Allmählich entwickelte sich daraus das heutige Café. Die Marzipan- und Lebkuchenproduktion wurde ausgedehnt, ebenso die Likörherstellung.

Die Klosterpforte in Frauenwörth: Grenze zur Welt?

Sämtliche Produkte tragen heute noch zur Finanzierung des Klosters bei – besonders begehrt ist der Kräuterlikör. Diesen zu mixen, ebenso wie die restlichen Spirituosen, Magen-, Halbbitter- und Klostergeist, ist die Aufgabe von Schwester Dorothea. Schließlich erfahren wir, daß sie nach einem geheimgehaltenen Rezept – daß Fenchel und Anis dabei sind, schmeckt die feine Zunge – verschiedene Kräuter mischt und Alkoholauszüge herstellt. Doch während früher die Kräuter aus dem klostereigenen Garten oder von der Krautinsel stammten, werden sie heute eingekauft. Auch die Weiterverarbeitung wurde abgegeben an eine Spirituosenfabrik. Das Brennrecht, das die Abtei im 15. Jahrhundert erhielt, ist noch heute in Kraft, wenngleich Schwester Dorothea selten davon Gebrauch macht. Der Eigenbedarf des Klosters an Spirituosen ist minimal, auch wenn böse Zungen das Gegenteil unterstellen.

Müßiggang ist der Feind der Seele. Deshalb sollen sich die Brüder zu bestimmten Zeiten mit Handarbeit, zu bestimmten Stunden dagegen mit heiliger Lesung beschäftigen.« (RB)

An das Mittagessen schließt sich eine Mittagspause an – danach wird wieder gearbeitet. Um fünfzehn Uhr ruft die Glocke erneut zum Stundengebet (Non), der letzten kleinen Hore des Tages. Um 16.45 Uhr beginnt die Recreation, das Verbot der Geschwätzigkeit ist für eine dreiviertel Stunde aufgehoben. Wer hat, bringt Handarbeit mit, alles sitzt zusammen, unterhält sich, lacht. Vorausgesetzt, es findet in dieser Zeit weder eine Konferenz noch ein geistlicher Vortrag oder die Singstunde statt. Das Singen der Gregorianischen Gesänge ist auch heute noch ein wichtiges Element der Liturgie. Die »Schola« der Abtei Frauenwörth hat sogar eine Schallplatte besungen. Um halb sechs schließt sich die Vesper, eine der Hauptgebetszeiten, an. Nach dem Abendessen bleibt, bis zehn nach sieben Uhr, ein bißchen Zeit, dann beendet die einstündige Nachthore den Tag.

Schweigen aus Überzeugung

Danach beginnt das nächtliche Stillschweigen, das bis zum Morgen des nächsten Tages andauert. Es gibt dann »kaum einen Grund mehr« zu reden, wichtige Mitteilungen müssen schriftlich erfolgen. »Diese Ruhe ist ein ganz großes Geschenk, wir haben Zeit zur Sammlung, zum Gebet«, erklärt mir eine Ordensfrau. Fühlt sie sich manchmal einsam? »Nein, wir wandeln in Gottes Gegenwart.« Viele Schwestern sind auch nach acht Uhr noch mit ihrer Tagesarbeit beschäftigt. Doch irgendwann ziehen auch sie sich zurück in ihre »Zelle«, die in einem Bereich liegt, der von Fremden nicht betreten werden darf, der »Klausur«.

»Jeder soll in einem eigenen Bett schlafen.«... »Wenn es möglich ist, schlafen alle in einem Raum; wenn die große Zahl es nicht zuläßt, ruhen sie zu zehn oder zwanzig mit ihren Älteren, die über sie wachen. Sie schlafen bekleidet und gegürtet mit Gürtel oder Strick.« (RB)

Auch der Speisesaal, die Waschräume, der Garten liegen innerhalb der Klausur. Anders als in früheren Zeiten verbringen die Nonnen heute die Nacht nicht mehr in einem gemeinsamen Schlafsaal, sondern allein in ihrer Zelle – und ihre Gewänder dürfen sie selbstverständlich ausziehen.

Am vorletzten Abend, es ist schon nach acht Uhr, klopft es an meiner Tür. Schwester Scholastica besucht mich, mit Erlaubnis der Äbtissin. Den ganzen Tag hatte ich schon den Eindruck, daß sie mir etwas erzählen möchte. Sie beginnt vorsichtig: »Haben Sie unser ganzes Haus nun gesehen? Kennen Sie unseren Meditationsraum auch?« Ja, ich kenne ihn. Ein ganz normaler, mit Teppichboden ausgelegter Raum, der hauptsächlich von Meditationsgruppen, die hier Kurse abhalten, genutzt wird. Was ist das Besondere daran? Ich komme nicht darauf, daß die Klosterfrauen dort tanzen könnten. »Ja,

Das Altarbild in der Klosterkirche (oben) zeigt die erste Äbtissin des Klosters, die selige Irmengard. Unten: die Ahnengalerie der Äbtissinnen.

Äbtissinnen: Die »Mutter« der benediktinischen Klosterfrauen hat fast uneingeschränkte Macht – eine Herausforderung, der nur starke Persönlichkeiten gewachsen sind.
Eine nachdenkliche Äbtissin Domitilla Veith (links).

Abbildung rechts:
Schwester Theoklete aus Fulda arbeitet an der Drehbank – sie fertigt Holzkreuze.

Wandeln in Gottes Gegenwart: Auch wenn der Garten außerhalb des Klausurbereichs liegt, Schwester Katharina ist ganz versunken in ihre Arbeit.

wir tanzen dort, ein paar von uns, seit wir vor kurzem einen Kurs über sakralen Tanz hier hatten«, eröffnet mir Schwester Scholastica. Ich bin überrascht und bitte um eine Demonstration. »Warum nicht«, meint die Nonne, »wenn Sie's unangenehm finden, können Sie jederzeit rausgehen.« Aber wir denken gar nicht daran, sind ganz gefesselt von dem Bild, das sich uns bietet: Zu Musik von Pachelbel und später zu südamerikanischen Gitarrenklängen schreitet, dreht sich, tanzt eine Nonne in ihrem Habit und verschmilzt dabei völlig mit der Musik. Die Schwester, die sonst bemüht ist, eine der Sammlung dienende Körperhaltung – die Hände liegen unter dem Skapulier über der Bauchmitte – einzunehmen, hebt die Arme hoch, dreht sich, der Schleier weht hoch hinter ihr her. Als die Musik zu Ende ist, strahlt sie uns an. Diese Art Tanz kommt dem Wunsch entgegen, sich Gott in neuer Form zu nähern – der sakrale Tanz als neue Meditationsübung und als Ausdruck eines körperlichen Bewußtseins.

»Wir müssen ganzheitlich denken und lernen, uns als Frauen mit einem weiblichen Körper zu akzeptieren. Gott hat nichts Unkeusches geschaffen, ich kann höchstens etwas unkeusch betrachten.« Ist die Nonne, die so frei denkt, eine Ausnahme? »Durchaus nicht«, protestiert Schwester Scholastica. Aber sie war die einzige, die das Thema von sich aus angesprochen hat. Diese Nonne, mit ihrer entwaffnenden Offenheit, fasziniert mich, und ich versuche, sie mir in weltlichen Kleidern und draußen, im weltlichen Leben, vorzustellen. Doch die temperamentvolle Schottin, die zweimal konvertierte, bis sie den richtigen Glauben für sich fand, fühlt sich als Nonne sichtlich wohl. Und das, obwohl die ihr zugewiesenen Aufgaben nicht gerade sehr anspruchsvoll sind. Sie betreut das Gästehaus des Klosters, macht alles »von der Korrespondenz bis zur Toilettenreinigung«, und manchmal führt sie Besucher durch den Äbtissinnengang und die Kirche. Letzteres ist eine Aufgabe, die ihr sichtliches Vergnügen bereitet und bei der sie ihren Humor – und sie hat eine Menge davon – einsetzen kann. Bei einer Führung durch die Ahnengalerie der Äbtissinnen, einer Sammlung von Ölgemälden, bleibt sie vor dem Bild einer Äbtissin aus dem 16. Jahrhundert stehen: »Das war die erste Emanze des Klosters, die ließ nämlich ein Gefängnis bauen und sperrte darin säumige Pächter ein, bis die sich eines Besseren besonnen hatten.« Doch was ist eine Emanze? Die Gruppe polnischer Klosterbesucher blickt verständnislos zu Schwester Scholastica, die eifrig gestikulierend stets mitten unter ihnen steht. Da die Sprachschwierigkeiten lange Erklärungen unmöglich machen, erklärt sie kurzerhand: »Eine Emanze ist eine Frau mit Muskeln.« Die Männer schauen verdutzt und Scholastica freut sich. Mit Humor läßt sich vieles leichter ertragen. Und das Klosterleben ist – sicher nicht nur in den Augen einer Weltlichen – hart. Manche Spielregeln des Klosterlebens sind auf den ersten Blick nur schwer verständlich.

»Alles sei allen gemeinsam, wie es in der Schrift heißt, so daß keiner etwas sein Eigentum nennt oder es als solches beansprucht. Stellt es sich heraus, daß einer an diesem ganz üblen Laster Gefallen findet, dann werde er einmal und ein zweites Mal verwarnt. Bessert er sich nicht, so werde er bestraft.« (RB)

Die Benediktinerinnen verzichten – gemäß des evangelischen Rates der Armut – auf persönliches Eigentum, alles gehört allen. Selbst Geschenke, die von außen kommen, werden auf Anordnung der Äbtissin an die Gemeinschaft verteilt oder gleich weiterverschenkt, nach Polen zum Beispiel. Geht bei diesem praktizierten Sozialismus letztendlich nicht die Individualität verloren? Es wäre falsch zu glauben, daß Nonnen engelgleich über dem Boden schweben und nur noch im Flüsterton sprechen. Selbstverständlich behalten auch Klosterfrauen ihre Persönlichkeit – sie werden jedoch gezwungen, sich in Toleranz und Selbstbeherrschung zu üben.

»Als Lehrer halte sich der Abt an das Beispiel und den Grundsatz des Apostels: Weise zurecht, ermutige, tadle!«... »Wenn ein Bruder widerspenstig, ungehorsam oder stolz ist, wenn er murrt und sich in einem Punkt der Heiligen Regel und den Befehlen seiner Oberen widersetzt und sich damit als Verächter erweist, sollen seine Oberen ihn nach dem Gebot des Herrn ein und ein zweites Mal unter vier Augen ermahnen. Bessert er sich nicht, so werde er öffentlich vor allen zurechtgewiesen. Lenkt er auch jetzt nicht ein, so verfalle er der Ausschließung, wenn er die Schwere dieser Strafe begreift. Erweist er sich aber als Querkopf, dann gehe man mit körperlicher Strafe gegen ihn vor.« (RB)

Auch unter Nonnen gibt es Meinungsverschiedenheiten, und es kommt vor, daß einzelne gegen die Regeln der Gemeinschaft verstoßen. Doch anders als in der Außenwelt gibt es im Kloster dafür ein Korrektiv, personifiziert durch die Äbtissin. Sie, die »Mutter«, wie sie die Frauen ihres Konvents nennen, ist Ansprechpartnerin bei allen kleinen und großen Sorgen, sie schlichtet Streitereien und achtet auf die Einhaltung der benediktinischen Regeln. Sie weist auf Verstöße hin, wie zu langes Reden, unterbindet Geschwätzigkeit, moniert bereits geräuschvolles Türenschließen. Doch die Prügelstrafe, die manche Touristen hinter Klostermauern vermuten, gibt es schon lange nicht mehr, ebensowenig den Essensentzug. Das war einmal.

Ehe mit Gott

Und mit einem weiteren Vorurteil muß aufgeräumt werden. Klosterfrauen von heute sind nicht die frustrierten alten Jungfern, die sich in Ermangelung eines weltlichen Partners für die »Ehe mit Gott« entschieden haben. Die Klosterfrauen von heute treten auch nicht mehr im zarten Alter von vierzehn oder sechzehn Jahren in den Orden ein, noch werden sie von ihren Vätern geschickt. Nur bei den über siebzigjährigen ist das teilweise noch der Fall gewesen.

Äbtissin Domitilla Veith, Philologin mit zweitem Staatsexamen, war achtundzwanzig Jahre alt, als sie sich zum Eintritt ins Kloster entschloß. Als idealen Nachwuchs wünscht sie sich Frauen mit abgeschlossener Schul- und Berufsausbildung, Frauen, die das Leben kennengelernt haben, bevor sie sich zum Eintritt in ein Kloster entschlossen. Obwohl die Sorge um Nachwuchs täglich ins Gebet mit einbezogen wird: »Führe unserer Gemeinschaft Schwestern zu, damit wir auch in Zukunft dein Lob singen können«, werden die Frauen, die sich zu einem Leben hinter Klostermauern berufen fühlen, einer sorgfältigen Prüfung unterzogen. Fallen die Vorgespräche mit der Äbtissin positiv aus, beginnt eine sechs- bis zwölfmonatige Probezeit, das Postulat. Die Gemeinschaft der Schwestern, der Konvent, entscheidet danach über die Eignung der Neuen zum Klosterleben.

»Man achte sorgfältig darauf, ob der Novize wirklich Gott sucht, ob er Eifer hat für den Gottesdienst, für den Gehorsam, für Verdemütigungen. Im voraus sage man ihm offen, wie rauh und schwierig der Weg ist, der zu Gott führt.«... »Wenn er Vermögen hat, soll er es vorher an die Armen verteilen oder es in einer feierlichen Schenkung dem Kloster vermachen, ohne irgend etwas für sich zurückzubehalten. Er weiß ja, daß er von diesem Tag an nicht einmal mehr über seinen Leib verfügen kann.«... »Man nehme ihm also gleich im Oratorium die eigenen Sachen, die er trägt, ab und bekleide ihn mit den Sachen des Klosters. Die Kleider aber, die man ihm abgenommen hat, sollen in der Kleiderkammer hinterlegt und aufbewahrt werden. Sollte er je einmal der Einflüsterung des Teufels nachgeben und – was Gott verhüte – das Kloster verlassen, dann ziehe man ihm die Sachen des Klosters wieder aus und schicke ihn fort.« (RB)

Mit der Einkleidung in die Ordensgewänder erhält die Novizin ihren Ordensnamen, der in Absprache mit der Äbtissin festgelegt wird. Postulantin und Novizin können jeden Tag gehen. »Wir halten niemand fest«, auch dann nicht, wenn die Novizin, im nächsten Schritt, die zeitliche Profeß (Gelübde) für drei Jahre abgelegt hat mit den Worten: »Nimm mich auf, Herr, nach deinem Worte, und ich werde leben; und laß mich nicht zuschanden werden in meiner Hoffnung.« »In meinem Leben war das der schönste Tag«, bekennt eine junge Schwester. Nach weiteren drei Jahren kann sich die Schwester endgültig an die Gemeinschaft binden. In einer großen und feierlichen Zeremonie legt sie die ewige Profeß ab und verspricht: Stabilitas – Beständigkeit; das bedeutet die Bindung an Ort, Lebensweise und Gemeinschaft; Conversatio morum – dauernde Bereitschaft zur Bekehrung und das Leben in Armut; Oboedientia – Gehorsam, gegenüber Christus und der Äbtissin. Als Zeichen dafür, daß sie ihr Leben Gott geweiht hat, trägt sie fortan einen Ring, Symbol für die Bindung

Nonnen ohne Berührungsängste: Die frommen Frauen suchen das Gespräch mit ihren Gästen – und vor allem mit der Jugend.

Verschlossene Türen: Der Klausurbereich ist für Fremde tabu – das Recht auf Intimität haben auch Nonnen.

an Christus, und – bei den Benediktinerinnen – den schwarzen Schleier.

Während meines Aufenthalts in Frauenwörth habe ich viele Frauen gefragt, warum sie Nonnen geworden sind und warum ausgerechnet Benediktinerinnen. Warum wählten sie gerade diesen traditionsreichen Männerorden mit der unfreundlichen schwarzen Kluft? Manche der Frauen hätte ich mir in einem anderen, weniger beschaulichen Orden besser vorstellen können. Die Antworten, die ich zu hören bekam, ähnelten sich stark: Sie alle suchten eine Änderung in ihrem Leben, mehr Gottesnähe – sie zu finden, ermöglichte ihnen vor allem der Benediktinerorden mit seiner starken Orientierung auf das Gebet –, und sie fühlten sich alle von Gott berufen.

Schwester Katharina erzählte mir, daß sie früher mit psychisch Kranken gearbeitet hatte und oft verzweifelt war, weil sie merkte, daß sie kaum helfen konnte. Nach langen Jahren des Suchens entschloß sie sich, ins Kloster zu gehen, weil sie das Gefühl hatte, dort mehr für andere tun zu können. Ihre ehemaligen Patienten schreiben ihr noch heute, daß sie zurückkommen solle, daß sie sie als Mensch bräuchten und nicht ihre Gebete. Das sind schlimme Stunden für Schwester Katharina, in denen sie an ihrer Entscheidung zweifelt. »Aber«, so sagt sie, »inzwischen weiß ich, daß ich hierher gehöre und daß es für mich keine andere Möglichkeit gab, weil Gott es so wollte.«

Die Sicherheit dieser Entscheidung weckt Gefühle, die zwischen Bewunderung und Irritation schwanken. Viele der Gäste, die das Kloster besuchen, äußern sich entsprechend: »Also für mich wär das nichts, das ewige Beten.« »Wie kann man das nur wollen, als Frau, immer die gleichen Kleider tragen zu müssen.« Die Eitelkeit hat tatsächlich keinen Platz im Kloster. Doch die Kleiderordnung ist heute lange nicht mehr so streng wie früher. »Nach unserer Ansicht genügen jedoch in einer Gegend mit gemäßigtem Klima für jeden Mönch eine Kukulle und eine Tunika – eine dichtwollige Tunika im Winter, eine leichte oder abgetragene im Sommer –, dazu ein Skapulier für die Arbeit; als Fußbekleidung Schuhe und Sandalen.« (RB)

Die normale Bekleidung kann gegen zweckmäßige blaue Arbeitskleidung eingetauscht werden, aber auch Wanderkluft und Badeanzug sind möglich. »Klar, gehen wir schwimmen, wo der See so nah ist...« Badende Nonnen: Nach vier Tagen unter Klosterfrauen kann mich nichts mehr aus der Fassung bringen. Und inzwischen weiß ich auch, daß stimmt, was Schwester Scholastica irgendwann zu mir sagte: »Wir sind alle sehr starke Persönlichkeiten. Unsere Äbtissin hat einen schweren Job.«

Als wir gehen, sind wir fast ein bißchen traurig. Wir haben uns wohlgefühlt im Kloster.

Offenes Haus: Männer wie Frauen sind gern gesehene Gäste im Kloster – und finden dort Ruhe, sich selbst, Gott zu finden.

Doppelklöster: Testfall für die Askese

Nonnen und Mönche unter einem Dach, zuweilen sogar in einer Zelle wohnend? Dies war zwar nicht die typische Form des Zusammenlebens in einem Doppelkloster, aber es kam vor. Die Gemeinschaft um den heiligen Robert von Arbrissel praktizierte diese härteste Form der Askeseübung – begleitet von Protesten der Umgebung. Hatte doch der Franzose Robert neben vornehmen adligen Damen und Mönchen auch Frauen der untersten gesellschaftlichen Schichten in seinem Gefolge, unter ihnen selbst ehemalige Dirnen. Als sich Robert im Jahre 1101 mit seiner Anhängerschar, den »Pauperes Christi« schließlich in Fontevrault in der Bretagne niederließ, trennte er, um Skandale zu vermeiden, die Behausungen von Männern und Frauen. Dennoch war das Doppelkloster ein Skandal, denn der Gesamtkonvent von Männern und Frauen stand unter der Leitung einer Frau, der Äbtissin von Fontevrault. Die Männer waren nicht nur den Frauen unterstellt, sie mußten auch den Lebensunterhalt der Gemeinschaft erarbeiten, während die Frauen mit Psalmensingen, Beten und Meditieren beschäftigt waren.

Wer war dieser Robert von Arbrissel und was veranlaßte ihn, die damals übliche Hierarchie einfach umzudrehen? Robert hatte bis zu seinem dreißigsten Lebensjahr ein ganz normales Leben geführt. Dann kam er zu der Überzeugung, daß er ein »Schuldbeladener« sei, weil er in Sünde gelebt hätte – mit einer Frau – und weil er »in Sünde empfangen« worden sei. Robert entwickelte sich zum fanatischen Büßer und charismatischen Wanderprediger, der vor allem ein Ziel hatte: die Menschen »vor den Verlockungen des Fleisches« zu bewahren.

Die härteste Prüfung für den eifrigen Verfechter der Askese war die direkte Konfrontation mit der Gefahr, einer Frau nämlich, in derselben Bettstatt, die natürlich mit der Unterdrückung der Fleischeslust enden mußte. Teilweise endeten diese Prüfungen mit Verstümmelungen, wenn die Asketen ihre »Glut« mit echter Glut, einem brennenden Holzscheit etwa, ausmerzten. Der heilige Benedikt hat sich, als ihn fleischliche Gelüste überkamen, in einem Dornenbusch blutig gewälzt.

Die Unterordnung der Männer unter die Frauen entsprang nicht etwa einer besonderen Frauenfreundlichkeit des Robert von Arbrissel, sondern dem genauen Gegenteil: Die Männer mußten sich den Frauen unterordnen, damit sie sich in Demut üben konnten. Dies entsprach der »siebten Stufe der Demut« aus den Regeln Benedikts, in der Demut die Hinnahme von Demütigung bedeutet. Dennoch war Robert kein Frauenhasser – und das in einer Zeit, in der Frauen als die personifizierte Sünde verachtet wurden. Es kam vor, daß sie Kirchen nicht betreten durften, um diese heiligen Stätten nicht zu entweihen. Robert kämpfte gegen die Vorstellung, daß Weiblichkeit schon im Prinzip böse sei und Frauen unrein. Selbst dann, wenn sie gesündigt hätten, so Robert, könnten sie den Weg zum Heil finden, wenn sie bereuten, so wie Maria Magdalena, die Sünderin, es getan hatte.

Die Botschaft des Robert von Arbrissel von einem Leben in Armut und Gehorsam überdauerte kaum seinen Tod. Die Gemeinschaft der »Pauperes Christi«, die Mitte des 12. Jahrhunderts rund 5000 Mitglieder zählte, wurde ihrer ursprünglichen Bestimmung immer weniger gerecht. Fontevrault wurde zu einem »Heim für junge Mädchen aus guten Familien, für die man keine standesgemäßen Ehemänner gefunden hatte, sowie für Damen, die der Welt überdrüssig geworden waren und nun in Fontevrault mit ihren Priestern und Bediensteten Einzug hielten« (Jaques Dalarun). Die Französische Revolution löste 1790 die Gemeinschaft auf.

Doppelklöster hatte es auch schon vor Fontevrault gegeben: im Orient in Form von benachbarten Männer- und Frauenkonventen. Der Grund war ein praktischer: Die Frauen waren bezüglich Gottesdienst, Seelsorge, besonders aber der wirtschaftlichen Versorgung auf männliche Unterstützung angewiesen. »Das Fehlende zu ergänzen, sind dem klösterlichen Berufe der Frauen entsprechend am besten Mönche geeignet, die mit den Nonnen das Ideal und die Lebensform teilen,« schreibt Stephanus Hilpisch dazu. Der heilige Basilius nannte in seiner Regel feste Bestimmungen für die Organisation der Doppelklöster und sicherte ihnen dadurch den Weiterbestand. Mit dem 6. Jahrhundert begann im Orient der Widerstand gegen diese Klosterform – im 9. Jahrhundert endete er mit deren völligen Aufhebung. In Frankreich, Spanien entstanden im Laufe des 7. Jahrhunderts Doppelklöster, Gründungen in England folgten. In England war das Doppelkloster zumeist Frauenkloster, dem ein dienender Männerkonvent angegliedert war: Mönche wie Nonnen standen unter der alleinigen Leitung der Äbtissin. Im Zuge der benediktinischen Reform Ende des 11. Jahrhunderts entstanden vor allem in Südwest- und Süddeutschland – in Hirsau, Schaffhausen, Admont – sogenannte Doppelklöster, in denen das Verhältnis der Männer zum Frauenkonvent gerade andersherum organisiert war: Die Frauengemeinschaft war in der Regel ein Anhängsel des Männerkonvents, dessen Abt die Verfügungsgewalt hatte. Hinter der Reformidee steckte, ähnlich wie bei Robert von Arbrissel, der Wunsch, so die asketische Lebensweise zu fördern. Voraussetzung dafür war allerdings, daß die Einhaltung der Klausur streng kontrolliert wurde. Meist waren die Behausungen von Mönchen und Nonnen ohnehin räumlich voneinander getrennt, oft besaß der Nonnenkonvent seine eigene Kapelle. In Admont war die Tür des Frauenklosters dreifach verriegelt – die Schlüsselgewalt auf drei Hände verteilt –, Einlaß war so nur in Anwesenheit von Zeugen möglich. Dennoch hatten die benediktinischen Doppelklöster keine lange Lebensdauer: Im 12. und im 13. Jahrhundert wurden meist die Frauenkonvente aufgelöst oder zumindest verlegt.

Erotik und Enthaltsamkeit: Der Ordenszucht ist es förderlich, wenn Brüder und Schwestern nicht im selben Hause wohnen – gelebte Weisheit zweitausendjähriger Klostergeschichte. Abbildung oben: Statuette aus der Abtei Frauenwörth.

Hildegard von Bingen

Ob sie ihre Schriften nur teilweise oder ganz selbständig verfaßt hat, eines steht fest: Die Werke der Benediktinerin Hildegard von Bingen aus dem 12. Jahrhundert erleben eine Renaissance. Seit einigen Jahren werden ihre Hauptwerke übersetzt und neu aufgelegt, medizinische Ratgeber und Kochbücher verfaßt, die auf den Schriften dieser »ersten Ärztin und Naturforscherin« basieren. Ihre Werke sind die »Ergüsse einer hochgradigen Hysterikerin« sagen die einen, »Ergebnisse einer begnadeten, prophetischen Visionärin« die anderen.

Wer war diese Frau, die im Auftrag Gottes die Menschen ihrer Zeit belehrte, ermahnte, warnte und auch vor Drohungen nicht zurückschreckte?

Hildegard von Bingen wurde 1098 als Tochter des Edelfreien Hildebert von Bermersheim geboren. Die Eltern bestimmten ihr zehntes Kind für ein klösterliches Leben. Im Alter von acht Jahren übergaben sie ihre Tochter an die Rekluse Jutta von Sponheim. Mit ihr und anderen Frauen lebte sie lange Jahre auf dem Disibodenberg eingeschlossen in einer Frauenklause, die einem Mönchskloster angegliedert war. Mit etwa fünfzehn Jahren legte Hildegard ihre Gelübde ab. Als Jutta starb, wurde sie von ihrem Konvent einstimmig zur Leiterin gewählt. Allmählich entwickelte sich die Frauenklause zu einem kleinen Kloster. In den vierziger Jahren ihres Jahrhunderts ließ Hildegard auf dem Rupertsberg bei Bingen ein Kloster bauen, auf das sie 1150 übersiedelte und in das sie nur adlige Damen aufnahm. 1165 kaufte sie ein leerstehendes Augustiner-Doppelkloster in Eibingen und gründete eine zweite Benediktinerinnen-Gemeinschaft, die vermutlich auch nicht-adligen Frauen offenstand. Solange sie lebte, stand Hildegard beiden Klöstern vor. Am 17. September 1179 starb Hildegard von Bingen in ihrem Kloster auf dem Rupertsberg.

Hildegard hinterließ eine umfangreiche Literatur, darunter ihre drei Hauptwerke: eine Glaubens-, eine Lebens- und eine Welt- und Menschenkunde (Scivias, Liber vitae meritorum, De operatione dei) sowie eine Heilkunde und eine Naturkunde. Für die ersten drei ist inzwischen die Echtheit nachgewiesen, während von den anderen die älteste Handschrift aus dem 13. Jahrhundert stammt. Obwohl Hildegard selbst schrieb, daß sie nicht wisse, was sie nicht schaue, weil sie ohne gelehrte Bildung sei, scheint doch festzustehen, daß sie mit dem Gedankengut der mittelalterlichen Medizin gut vertraut war. Diese Erkenntnisse und eigene Erfahrungen bildeten vermutlich die Grundlage für die in der Natur- und Heilkunde beschriebenen Weisheiten. Neben diesen und ihren visionären Schriften dichtete und vertonte sie siebenundsiebzig Gesänge und ein geistliches Singspiel. Eine Menge Arbeit, zumal sie erst in der Mitte ihres Lebens damit begann. Aber was trieb sie überhaupt dazu?

Seit ihrem fünften Lebensjahr spürte Hildegard nach eigenen Angaben die Fähigkeit, Gesichte zu schauen und Stimmen zu hören. In ihrem Heiligsprechungsprozeß berichteten Zeugen, daß sie als kleines Kind ein ungeborenes Kalb im Bauch einer Kuh gesehen hätte, daß sie später Konrad III. und Friedrich Barbarossa die Zukunft voraussagen und einer Nonne ihren Todestag nennen konnte. Anderen Bittstellern hat Hildegard den Blick in die Zukunft versagt, weil es für die Seele besser sei, sie nicht zu kennen. Sie fühlte sich zwar als Prophetin, jedoch in anderem Sinne. Sie sah ihre Aufgabe darin, »herauszusagen«, was Gott durch sie der Zeit künden wollte.

Mystik ohne Ekstase

Hildegard legte großen Wert auf die Feststellung, daß die Visionen sie stets in wachem und besonnenem Zustand überkamen, nie im Traum oder im Schlaf. Sehr im Unterschied zu ihren Zeitgenossinnen war Hildegard keine ekstatische Mystikerin wie etwa Elisabeth von Schönau, und nie schrieb sie über die Vereinigung ihrer Seele mit Gott. Dennoch bediente auch sie sich der Sprache ihrer Zeit. Wie die Braut im Hohenlied sagt sie: »Ich stand auf, um meinem Geliebten zu öffnen.« Christus ist ihr süßester Liebhaber, ihr allersüßester Umarmer, ihr Bräutigam.

Doch mit ihren seherischen Fähigkeiten wußte Hildegard zunächst nichts anzufangen, sie litt darunter, wurde krank und fühlte sich wie gelähmt, bis 1141 Gott zu ihr sprach: »Schreibe, was du siehst und hörst!« Danach begann sie mit der Niederschrift der »göttlichen Privatoffenbarungen«. Von 1141 bis 1147 verfaßte sie mit Hilfe eines Mönches vom Disibodenberg ihr erstes Werk, die »Scivias«, »Wisse die Wege« in deutscher Übersetzung. Sie schildert darin Visionen über Gott und die Engel, sie sieht den Teufel und den Sündenfall und immer wieder ermahnt sie Männer und Frauen zu gottgewolltem, sittlichem Verhalten:

»Gott gab dem Menschen so eine Hilfe gegen das Alleinsein, ein anderes Wesen, das ihn ergänze, und einen Anteil, dem er sich einpasse«... »In vollkommener Liebe sollen Mann und Frau zusammen leben und nie mehr von einander lassen. In liebender Hingabe soll die Frau ihren Gatten ehren und die Gabe der Fruchtbarkeit empfangen. Ihr Bund der Liebe kann unter keinen Umständen mehr getrennt werden; so werden auch Fleisch und Blut nicht getrennt, solange der Lebensgeist sie bindet.«

Die Mönche vom Disibodenberg waren die ersten Bewunderer der Hildegard'schen Visionsschrift. Auf ihre Anregung und eine Aufforderung von Bernhard von Clairvaux befaßte sich schließlich Papst Eugen II. mit dem Werk und ermunterte Hildegard, ihre Arbeit fortzusetzen. Ermutigt durch diese Bestätigung von höchster Stelle wandelte sich ihr Leben. Sie gründete das Bingener Frauenkloster, verfaßte eine Schrift nach der anderen und wagte sich auch an naturkundliche und medizinische Themen. Sie nahm zu allen möglichen Fragen Stellung und führte eine umfangreiche Korrespondenz. Das »Sprachrohr Gottes« wagte sogar Kaiser Friedrich I., der 1168 den dritten Gegenpapst aufgestellt hatte, in scharfen Worten zu ermahnen:

»Der da ist, spricht: Die Widerspenstigkeit zerstöre ich und den Widerstand derer, die mir trotzen, zermalme ich durch mich selbst! Das höre, König, wenn du leben willst! Sonst wird mein Schwert dich durchbohren!« Der Kaiser war beeindruckt – und nicht nur er. Auf vier großen Predigtreisen missionierte Hildegard gegen den »Unglauben«, gegen den geistigen und sittlichen Verfall im Volk und gegen die »Irrlehre« der Katharer. In ihnen sah sie »gottlose Diener Satans«, die die Menschen und die Gesellschaft ins Verderben führen könnten. Um der katharischen Bedrohung begegnen zu können, rief Hildegard den Klerus zur Reform auf. In Köln hielt sie den frommen Männern eine Strafpredigt und stellte den schwachen zeitgenössischen Lehrern die starken Lehrer früherer Zeiten gegenüber.

Altarstilleben – Und das ewige Licht leuchte.

»Ihr solltet die Eckpfeiler der Kirche sein, um diese zu stützen … Allein ihr seid zu Boden geworfen … durch Wollust und die Interessen von Geld und Eitelkeit. Ihr erlaubt nicht einmal, den Suchenden Belehrung zu geben mit der faulen Ausrede: ‚Wir können doch nicht alles tun!' … Ihr solltet eine Feuersäule sein, um das Volk zu erleuchten und zu bilden! Doch ihr täuscht euch selbst mit der Ausrede: ‚Wir kommen doch nicht mehr an gegen diese Welt!'« … »Die Altväter und Propheten gehorchten Gott und übten ihr Amt, auch wenn sie den Martertod erlitten. Ihr aber wollt nicht die geringste Unbill um Gottes willen ertragen. Ihr solltet Tag sein und seid Nacht.«

Doch nicht nur dem Klerus, auch den übrigen Zeitgenossen wollte sie auf den richtigen Weg helfen. In ihren Schriften, die sie als »Licht im Dunkel«, als »Wegweiser der menschlichen Sehnsucht zum ewigen Leben« bezeichnete, befaßte sie sich ausgiebig mit praktischen Lebensfragen. Sie doziert darin über die Ehe und spart auch die Sexualität nicht aus.

»Wenn die Geschlechtslust sich in einem Menschen erhebt, wird sie zuvor von der feurigen Kraft des Markes in Erregung versetzt. Das Feuer des Markes vermag sich aber auf verschiedene Weise im Menschen zu erheben, sei es durch unpassende Ausgelassenheit, sei es durch unmäßigen Genuß von Speise und Trank oder schließlich rein aus einer zu üppigen Gedankenwelt heraus: und solchermaßen bringt es den Menschen außer sich. Das Feuer des Markes zündet nun die Geschlechtslust an, die noch den Geschmack der ersten Sünde an sich trägt; danach erregt die Geschlechtsgier zusammen mit diesem Lustgeschmack gleichsam wie ein Sturm die Glut im Blute, so daß das Blut einen Schaum hervorbringt und diesen Schaum, der Milch gleich, zu den Höhlungen der Geschlechtsorgane zusammen mit einer süßen Empfindung hingeleitet, weil er nämlich dann schon gekocht und reif ist. So wird ja auch jede Speise, wenn man sie gekocht und damit zur Reife gebracht hat, süßer als vor der Reife und vor dem Kochen. Der Mensch fühlt diese Süßigkeit an jener Stelle, an der die ganze Kraft der Gefäße zusammenkommt, weil ja die Süßigkeit, wie schon erwähnt, von den Gefäßen entwickelt wird. Das ist so zu verstehen, wie auch der Geruch und Geschmack und die gesamte Kraft eines Weines von einer Stelle des Gefäßes ausgehen.«

Woher hat eine Frau, die im Alter von acht Jahren zur Nonne gemacht wurde, diese Kenntnisse? Hat Gott diktiert oder sind diese Passagen und einige andere von einem Mann, dem Mönch Theoderich geschrieben worden, wie der Historiker Preger vermutet: »Desgleichen hat nur ein Mann schreiben können.«

Neuerdings sind die Schriften der heiligen Hildegard auch Gegenstand feministischer Forschung. Es geht dabei vor allem um die Frage, ob Hildegard das Frauenbild ihrer Zeit einfach übernommen oder ob sie es korrigiert beziehungsweise unterwandert hat. Hildegard selbst schreibt dazu sehr ambivalent:

»Und so ist das Weib schwach und blickt zum Manne auf, um von ihm umsorgt zu werden, ähnlich wie der Mond seine Stärke von der Sonne empfängt. Deshalb ist die Frau auch dem Manne unterworfen und muß jederzeit zum Dienen bereit sein. Sie bedeckt mit den Werken ihrer Kunstfertigkeit den Mann, weil sie ja von Fleisch und Blut gebildet ist, während der Mann zuerst Lehm war. Aus diesem Grunde blickt er in seiner Nacktheit zum Weib hinauf, um sich von ihm bekleiden zu lassen.«

Immer wieder betont Hildegard die Schwäche der Frau, lobt aber auch deren besondere Zartheit und Geschicklichkeit, weshalb sie andere Aufgaben hätte als der Mann und unersetzbar sei:

»Im Weibe vollendet sich das goldene Rad des Heiles. Das Weib ist die goldene Materie geworden, die Mittlerin des Heiles, die Mitte aller Geschichte der Welt.«... »Höchster Lobpreis unter allen Gestalten der Schöpfung geziemt der Frau!«

Nun gut, Hildegard war wohl keine Emanze, zumindest nicht in der heutigen Bedeutung des Wortes. Die Bewunderung, die ihr entgegengebracht wurde und wird, gilt sicher zu einem wesentlichen Teil der Tatsache, daß sie den Nerv ihrer Zeit traf, sowohl was die Probleme der Geistlichkeit als auch die der einzelnen Menschen anging. Manche ihrer Visionen sind heute – 800 Jahre später – immer noch oder wieder aktuell:

»Der Mensch ist immerfort unbeständig, und er vermag nicht lange an einem Ort zu verweilen. Er mag auch nicht lange bei einer Sache zu bleiben, sondern wird immer wieder zu anderen Neigungen und anderen Strebungen hingerissen. So werden die Menschen von zerstreuten Versuchungen heimgesucht und werden in ihrer Unbeständigkeit hierhin und dorthin herumgetrieben.«

Reliquien: Kult ums Heilige

Fast jedes Kloster hat sie und hütet sie wie einen Schatz: Reliquien – die sterblichen Reste von Heiligen. Die Abtei Frauenwörth bewahrt in einem Zinksarg die Gebeine der seligen Irmengard auf. Nach einer Anfrage des Pfarrers der Basilika von Osterhofen entschloß sich Äbtissin Domitilla, eine Reliquie abzugeben: ein Fingerglied Irmengards. Der Pfarrer konnte nämlich glaubhaft machen, daß Irmengard einst durch Osterhofen gereist war. Auch die Überreste der heiligen Hildegard von Bingen wurden zum Teil weggegeben.

In Zoffingen, einem Dominikanerinnenkloster am Bodensee, finden sich in der Klosterkirche zwei Glassärge. In reich bestickte Kleidungsstücke eingenäht und gut versteckt liegen Knochenreste. Laut Inschrift stammen sie von der heiligen Severa und dem heiligen Innozenz. Wie jedoch Schwester Agnes, die Bibliothekarin des Zoffinger Klosters zu berichten weiß, gibt es eine heilige Severa gar nicht. Severa heißt »die Ernste« und Innozenz bedeutet »der Unschuldige«. Und vermutlich stammen die Knochenteile von Unschuldigen, Märtyrern aus der Zeit der Christenverfolgung, die zunächst in den Katakomben bei Rom bestattet wurden. 1707 gelangten sie auf ungeklärten Wegen nach Zoffingen.

Ausgestellt, zum Zwecke der Verehrung: Knochenteile und Kleidungsstückchen, eingenäht in Seide, mit Goldfäden und Edelsteinen verziert – zwei kostbar gearbeitete Reliquien aus dem Kloster Zoffingen.

Die sterblichen Überreste von Märtyrern waren die ersten Reliquien in der Kirche. Doch gesammelt wurden nicht nur deren Körper und Kleidungsstücke, man fing auch ihr Blut mit Tüchern auf, suchte die Marterwerkzeuge zu sichern und legte sie zu den Gebeinen in den Sarg. Als die Verfolgung aufhörte, wurden die Reliquien nach und nach in die Kirchen überführt und unter den Altären bestattet.

Die Verehrung der Reliquien liegt in dem Glauben begründet, daß von ihnen eine magische Kraft ausgehe, die durch Berührung, Küssen oder schlicht durch die räumliche Nähe übertragen werde. Zweck des Kultes war und ist die erhoffte Wirkung, »die Erlangung göttlicher Wohltaten durch die Fürsprache der Heiligen«, als da wären Heilungen, Hilfe in allen Lebenslagen und die Garantie zur Auferstehung nach dem Tode – auch Wunder, wie etwa Totenerweckungen, werden berichtet.

Bis zum 7. Jahrhundert wurde an der Unteilbarkeit der Reliquien festgehalten. Deshalb mußten sich viele Gläubige mit Reliquien »zweiter Ordnung« begnügen, mit den Kleidern der Heiligen oder auch mit dem Staub vom Grabe. Die Pietät vor den Überresten der Angebeteten fand schließlich ein Ende – von da an wurde geteilt. Im Mittelalter erreichte der Kult ums Heilige einen Höhepunkt, der von merkwürdigen Auswüchsen begleitet war:

»Das Volk in den Bergen von Umbrien um das Jahr 1000 wollte den Einsiedler Sankt Romuald totschlagen, um seine Gebeine nicht zu verlieren. Die Mönche von Fossanuova, wo Thomas von Aquin im Jahre 1274 gestorben war, haben aus Angst, die kostbare Reliquie könnte ihnen entgehen, die Leiche des edlen Meisters buchstäblich eingemacht: vom Kopf befreit, gekocht, präpariert. Als der Leichnam der heiligen Elisabeth von Thüringen noch nicht bestattet war, schnitt oder riß eine Schar Frommer nicht nur Stücke von den Tüchern ab, mit denen ihr Antlitz umwickelt war; man schnitt ihr die Haare und Nägel ab, ja sogar Stücke von den Ohren und die Brustwarzen.« (Johan Huizinga)

»Der Leichnam der heiligen Teresa von Avila wurde nach der Bestattung wieder ausgebuddelt und danach förmlich in Stücke zerschnitten – das Herz der Heiligen holte sich eine Nonne. Auch um den Leichnam des heiligen Robert von Arbrissel wurde gekämpft. Robert starb, fern von seinem Stammkloster Fontevrault, in Orsan. Adlige und Klerus freuten sich, daß »Gott ihre Diözese mit einer so heiligen Person geschmückt hatte, von der sie glaubten, daß sie im Paradies für sie Fürsprache halten würde.« (Jaques Dalarun)

Hoffen auf Wunder: »Gott selber gibt uns gewissermaßen das Vorbild von der Ehrung der Reliquien, indem er dieselben durch Wunder ehrt und verherrlicht«, sprach der heilige Thomas von Aquin.

Erzbischof Léger ließ bereits einen steinernen Sarg meißeln. Doch Robert wollte in Fontevrault auf dem Friedhof »unter seinen Mönchen und Nonnen« beerdigt werden. Petronilla, Äbtissin des Doppelklosters Fontevrault, erkämpfte schließlich den Leichnam für sich und rettete ihn während der Überführung vor Reliquienräubern. Erzbischof Léger bekam das Herz Roberts, neben dem er sich später bestatten ließ. In Fontevrault entbrannte ein letzter Streit um Roberts Leichnam, bei dem sich erneut Petronilla durchsetzte. Robert von Arbrissel wurde, entgegen seinem erklärten Willen, in der nur den Nonnen zugänglichen Klosterkirche bestattet – eine späte Rache der Klosterfrauen dafür, daß sie den Mönchen nur zum Zwecke der Demutsübung untergeordnet waren?

Fromme Frauen oder frühe Feministinnen

Nicht nur religiöse Männer fanden sich in asketisch lebenden Gemeinschaften zusammen. Seit dem 2. Jahrhundert lebten auch fromme Frauen wie Eremiten zurückgezogen in der Einsamkeit der Wüste. Und vermutlich noch vor den Mönchsklöstern gab es ab dem 3. Jahrhundert sogenannte »Jungfrauenhäuser«, Gemeinschaften asketisch und keusch lebender Frauen. Ab dem 4. Jahrhundert fand diese aus dem Osten stammende Lebensform auch im Abendland Anhängerinnen. In Rom etwa bildeten sich Frauengemeinschaften, die Frauen unterschiedlichster Herkunft aufnahmen, sofern sie auf Eigentum und Ehe verzichteten. Ledig gebliebene Jungfrauen, Witwen, Adlige, freigelassene Sklavinnen wählten damals ein Leben als »Bräute Christi«.

Die Idee der »Frauenklöster« breitete sich rasch aus und eroberte von Italien aus Nordafrika, Gallien, Spanien, Irland und Germanien. Bald waren die Frauen- den Männergemeinschaften zahlenmäßig überlegen. Häufig entstanden sie parallel zu denen der Mönche und nicht selten gingen sie auf ein frommes Geschwisterpaar zurück. Augustinus und seine älteste Schwester Perpetua gründeten christliche Gemeinschaften. Desgleichen taten dies der heilige Basilius und seine Schwester Makrina, ebenso der heilige Benedikt und seine Zwillingsschwester Scholastica.

Benediktinerin – in Arbeitskleidung.

Im Frühmittelalter entwickelten sich die Frauenklöster allmählich zu »Reservaten« für vornehme, verwitwete oder von ihren Männern abgeschobene, religiöse Adlige, die dort als Nonnen lebten. Auch das Hildegard-Kloster auf dem Rupertsberg war so ein »Edel-Kloster«. Die vornehmen Damen besaßen genügend Vermögen, um sich ihre eigenen Klöster zu schaffen oder in bestehende einzukaufen. Ohne ihre familiären Bindungen und ihre vornehme Lebensweise aufgeben zu müssen, konnten die Nonnen sich ganz dem beschaulichen Leben widmen. Als die Karolinger 742 die strenge Benediktinerregel allgemein einführten, wurde sie von vielen Frauenkonventen nicht übernommen. Sie wählten statt dessen die freiere Lebensform der sogenannten Kanonissenstifte. Dort gab es keine monastischen Regeln, keine Klausur, keine Gelübde, die Fastenordnung war milde. Daß Privatvermögen und Güterbesitz erhalten blieben, wußte die vornehme Verwandtschaft der Damen bewußt einzusetzen: Sie nutzte die Frauenkonvente zum Ausbau und zur Bewahrung ihrer Macht. Nicht selten wurden kleine Mädchen im Alter von vier bis acht Jahren in die Klöster eingekauft. Der gewünschte Nebeneffekt war, daß die Verwandtschaft in das klösterliche »Gebetsgedächtnis« aufgenommen wurde und so für materielle und spirituelle Sicherheit gesorgt war.

Die Tatsache, daß die mittelalterlichen Frauenklöster zunehmend nur noch Adlige aufnahmen, mag ein Grund für die Entstehung der Beginenvereinigungen sein. In den Städten schossen Beginenhäuser förmlich aus dem Boden: Zu Beginn des 12. Jahrhunderts hatte

Köln mindestens neun Frauenklöster, um 1300 zusätzlich etwa fünfzig Beginenhäuser und fünfzig Jahre später waren es bereits 117.

Warum so viele Frauen in der damaligen Zeit Anschluß an religiöse Bewegungen suchten, könnte neben religiösen auch sozialökonomische Gründe gehabt haben. Kriege hatten zu einem deutlichen Frauenüberschuß geführt; die wirtschaftliche Not war groß. Oder war der Weg in die religiöse Gemeinschaft tatsächlich ein Versuch, sich aus den patriarchalischen Verhältnissen zu emanzipieren, wie der Historiker Gottfried Koch meint? Der Kirche gelang es jedenfalls nicht, den Frauenstrom in orthodoxe Bahnen zu lenken. Im Süden Europas strömten sie den als Ketzern verschrieenen Katharern oder Albigensern zu, im Norden entstanden die Beginenvereinigungen. »Begine« war ein Schimpfname und leitet sich vermutlich von Albigenser ab.

Die heilige Caterina von Siena ist eine der Nonnen, über die Maria ihren Mantel ausgebreitet hat.

Die Kirche hatte ihre Schwierigkeiten mit diesen Frauengemeinschaften, die ihre Gründung nicht einem Männerkloster verdankten, wie bis dahin üblich, sondern überall spontan entstanden und autonom ohne feste Regeln lebten. Vor allem die Kölner und die Straßburger Beginen provozierten Widerstand, als sie auch noch zu arbeiten aufhörten, stattdessen auf der Straße betteln gingen und damit eine neue Armutsbewegung einleiteten. Noch schwerwiegender war, daß die »Schwestern vom freien Geist« ihre eigene Religion machten: »Der Mensch kann, versicherten sie einander, auf Erden vollkommen und sündlos sein. Er braucht nicht zu fasten und zu beten, keinem Menschen und nicht der Kirche zu gehorchen. Er braucht keine Tugenden zu üben, er kann sie lassen, darf gelassen sein. Er kann dem Leibe gewähren, wozu die Natur drängt. Wer vollkommen ist, bedarf der Gnade nicht mehr, er ist Gott gleich.« (Arno Borst)

Diese Freiheit des Geistes bezahlten viele Beginen mit ihrem Leben – sie endeten als Ketzerinnen auf dem Scheiterhaufen der dominikanischen Inquisition. Die Übriggebliebenen mußten sich den Regeln des Dominikaner- oder Franziskanerordens, die vorher schon Seelsorge-Pflichten übernommen hatten, unterordnen.

Doch die Frauen, die im Mittelalter auf der Suche nach extremen religiösen Lebensformen waren, gingen nicht ins Nonnenkloster. Sie wählten das Leben einer Inkluse, ließen sich – häufig an der Seite der Klosterkirche – in türlose Zellen einmauern. Materiell und spirituell wurden sie vom Kloster versorgt: Essen und Gottesdienst gab es via Fenster. Von der frühmittelalterlichen Adelsgesellschaft wurden diese Frauen bewundert, denn durch die totale Selbstisolation, die Härte der Askese und die dadurch erreichte besondere Gottesnähe lebten sie im extremen Gegensatz zur vornehmen Nonne. Auch das Volk verehrte die Inklusinnen, hielt sie für weise Frauen, Wahrsagerinnen oder Wunderheilerinnen, Hilfsbedürftige, Bittsteller und Neugierige strömten so zahlreich, daß mehrere Versuche unternommen wurden, das Inklusentum einzuschränken. Frauen, und unter ihnen die konvertierten Laien, wählten das Inklusorium häufiger als Männer.

Bald reichten die Klausen nicht mehr aus. Manche gingen schließlich in einem Frauenkonvent auf, oder es entstand, anstelle mehrerer Klausen neben dem Männerkloster, ein eigenes Frauenkloster. Ende des 12. Jahrhunderts näherte sich die Inkluseneinrichtung als religiöse Lebens- und Sozialform der reformierten Klosterreligiosität mit strenger Klausur, einer Ordensregel, Gemeinschaftsprinzip und der Unterordnung unter eine monastische Obrigkeit an und ging schließlich in ihr auf. Es war die Entstehungszeit der Doppelklöster. Von Anfang an waren die Frauenkonvente kontemplativer ausgerichtet als die verwandten Männerorden. Dies lag daran, daß die Kirche Frauen den Zugang zu Priestertum und Studium versagte, und die »verwilderten Sitten ihnen Ausübung von Armenfürsorge und Krankenpflege« verwehrten (Borst). Was blieb, war ein Christus geweihtes Leben, das ganz der Gottesbetrachtung diente. Vielleicht, meint Peter Dinzelbacher, waren die von Frauen geleiteten Klöster und Beginenhäuser die einzigen Orte, wo Frauen in eigener Verantwortung ihr Leben regeln konnten – Frauenhäuser und Emanzipationsversuche im 14. Jahrhundert?

Schwester Ignatia aus Zoffingen – sie ist im Kloster alt geworden.

Möglichkeiten, politischen Einfluß zu nehmen, eröffneten sich den Mystikerinnen unter den frommen Frauen, die ihre visionären Fähigkeiten vielleicht auch deshalb besonders pflegten. Die Offenbarungserlebnisse einer Hildegard von Bingen oder einer Teresa von Avila legitimierten deren kritische und reformatorische Tätigkeiten in der Kirche, die Männern auch ohne übernatürliche Autorität zustand.

»Während die Frauen es nötig haben, zu betonen, daß ihre Werke eigentlich von Gott geschrieben sind, daß sie selbst nur die unwürdigen Werkzeuge seien, können Männer im eigenen Namen ihre Anschauungen über das Wirken Gottes in der Geschichte darstellen.« (Peter Dinzelbacher)

Vilemina und Mayfreda: Zwei Ketzerinnen

Wie mit Frauen umgegangen wurde, die die von Kirche und Gesellschaft vorgegebenen Grenzen übertraten, zeigen zwei Frauenschicksale aus dem 13. und 17. Jahrhundert. Irgendwann zwischen 1260 und 1270 kam eine Frau, zusammen mit ihrem kleinen Sohn, nach Mailand. Es war die 1210 geborene Vilemina, eine Tochter des Königs von Böhmen. Vilemina bezog ein Haus in Mailand, in dem sie bis zu ihrem Tod allein lebte. Sie hatte allerdings sehr viele Freunde, die den unterschiedlichsten sozialen Schichten entstammten und sich in ihrem Haus trafen. Dieser Freundeskreis waren die »Vilemiten«, benannt nach der Frau in ihrer Mitte, die sie schon zu Lebzeiten als

Heilige verehrten. Vilemina soll zahlreiche Wunder, vor allem Heilungen, bewirkt haben. Außerdem soll sie die Wundmale Christi (Stigmen) getragen haben. Doch das Besondere an ihr ist, daß sie von ihren Anhängern als Inkarnation des Heiligen Geistes verehrt wurde. Die Lehre der Vilemiten war, daß die Erlösung der Ungläubigen durch die erneute Erscheinung Gottes, diesmal in Gestalt einer Frau, erfolgen würde. Vilemina wäre danach das weibliche Pendant zu Jesus.

Im Jahre 1255 hatte der Theologe Thomas von Aquin den Ausschluß der Frauen vom Priesteramt damit begründet, daß sie sich gegenüber dem männlichen Geschlecht in einem Zustand der Untertänigkeit befänden und das unsichtbare Wesen der Heiligen nicht zum Ausdruck bringen könnten. Und nun sollte es ausgerechnet einen weiblichen Christus geben – das war Häresie, eine feministische dazu.

Am 24. August 1281 starb Vilemina. Im Oktober wurde ihr Leichnam in der Zisterzienserabtei Chiaravalle beigesetzt. Damit begann der Kult um Vilemina: Ihre Anhänger unternahmen Wallfahrten zur Abtei und bereiteten sich auf die Wiederauferstehung der Heiligen vor. Nachfolgerin als »Mutter« der Vilemiten wurde Mayfreda, eine Nonne aus dem Humiliatenkloster in Mailand. Sie komponierte Musikstücke und Litaneien über Vilemina, unterrichtete vor allem Frauen in der vilemitischen Lehre und wagte es sogar, öffentlich zu predigen, allerdings nicht in der Kirche.

Im Jahre 1284 begann der erste Inquisitionsprozeß gegen die Vilemiten. Schwester Mayfreda und sechs weitere Frauen wurden von den dominikanischen Inquisitoren der Häresie angeklagt. Nachdem sie ihrem »Irrglauben« abgeschworen hatten, wurden sie vom Vorwurf der Ketzerei freigesprochen. Die Frauen, weiterhin Anhängerinnen der vilemitischen Lehre, ergriffen Sicherheitsmaßnahmen. Mayfreda zog aus ihrem Kloster aus, um die Gemeinschaft nicht in Gefahr zu bringen. Nachdem sie am 10. April 1300, dem Ostertag, die priesterlichen Gewänder angelegt und das Hochamt zelebriert hatte, wurde sie denunziert. Am 19. April begann der zweite Inquisitionsprozeß, in dem nun endgültig der Beweis erbracht werden sollte, daß Vilemina, Mayfreda und ihre Anhängerinnen Ketzerinnen waren. Nachdem Andreas Samarita, ein Vilemit, im Verhör »gestanden« hatte, gab Mayfreda vor, nun die Wahrheit zu sagen und lieferte eine Namensliste. Der Inquisitor war bemüht, die Autorität des männlichen Klerus, den die Vilemiten in Frage stellten, und den Mayfreda durch ihre eigene ersetzt hatte, wiederherzustellen. Er schickte die reuigen und geständigen Frauen zur Beichte. In den vermutlich unter Folter erpreßten Geständnissen belasteten die Frauen Mayfreda schwer. Als sie sah, daß sie keine Chance mehr hatte, legte sie ein umfassendes Geständnis ab, vermutlich auch unter Folter erzwungen. Mayfreda konnte als ketzerischer Infektionsherd ausgemacht werden. Das nächste Ziel der Inquisitoren war die Verurteilung der toten Vilemina.

Äbtissin Maria Wegener der Benediktinerabtei in Fulda.

Nachdem Andreas Samarita sie als Quelle für seine »Irrtümer« nannte, war auch das erreicht. Am 9. September 1300 wurden Schwester Mayfreda, Andreas Samarita, Schwester Giacoma und der exhumierte Leichnam Vileminas öffentlich auf dem Scheiterhaufen verbrannt.

In der Folgezeit entstanden zwei Legenden um die Vilemiten, die weitere Häretiker abschrecken sollten. In bewährter Manier wurde ihnen unterstellt, daß sie eine Religion sexueller Orgien entwickelt hätten. Die Frauen hätten die priesterliche Tonsur getragen und sich in ihren nächtlichen Treffen der sexuellen Promiskuität hingegeben. Vilemina selbst wurde als besonders ruchlose Ketzerin dargestellt.

Benedetta und die verbotene Leidenschaft

„Schändliche Leidenschaften" wurden etwa 350 Jahre später einer weiteren Nonne zum Verhängnis. Benedetta Carlini, ein Mädchen vom Lande, das im Alter von neun Jahren von ihren Eltern ins Kloster vom „Orden der Mutter Gottes" im toskanischen Städtchen Pescia gebracht wurde, verbrachte die letzten fünfunddreißig Jahre ihres Lebens im Gefängnis. Zunächst hatte sie auf Grund ihrer mystischen Begabung, auch die Stigmen soll sie getragen haben, eine erstaunliche Klosterkarriere gemacht.

Die Theatinerinnen in Pescia, die Gemeinschaft von Schwester Benedetta, führten zunächst ein halbklösterliches Leben – sie legten nur ein einfaches, leicht rückgängig zu machendes Keuschheitsgelübde ab. Doch hatten sie die Absicht, ein regulärer, streng klausurierter Orden zu werden. Als es im Jahre 1620 so weit war, hieß die Äbtissin Benedetta – sie war gerade dreißig Jahre alt. Es ist nicht ausgeschlossen, daß ihr Ruf der Heiligkeit diese Entwicklung beschleunigte. Benedetta hatte früh, schon als Kind, mystische Erlebnisse, die gerne erzählt wurden. Um die echten Heiligen von den gutgläubigen Visionären unterscheiden zu können, wurden alle Mystiker des 16. Jahrhunderts ausgiebig verhört. Besonderer Eifer galt den Visionen von Mystikerinnen, denn das weibliche Geschlecht galt als leicht verführbar – durch den Teufel. Von ihrem Beichtvater erhielt Benedetta deshalb den Rat, ihre Visionen im Keim zu ersticken und Gott um Qualen anstelle von Ekstasen zu bitten. Benedetta flüchtete sich in die Krankheit. Doch zwei Jahre später begannen die Visionen erneut: statt verstummten für einige Zeit, als Benedetta während der Passionszeit stigmatisiert wurde und es dafür auch noch eine Augenzeugin gab: Bartolomea. Bald danach wurde sie zur Äbtissin gewählt.

Zu ihren Frauen sprach Benedetta meist im Zustand der Trance – nur dieser veränderte Bewußtseinszustand gab ihr als Frau die Legitimation, öffentlich zu predigen. Damit hatte Benedetta, ohne die männliche Wertordnung oder die gesellschaftlichen Strukturen zu verändern, eine privilegierte Stellung erreicht, denn schließlich sprach nicht sie, sondern Gott durch sie. Benedettas Publizität wurde noch größer, als sie, ebenfalls in Trance, in einer von der Klostergemeinschaft gefeierten Hochzeit mit Jesus vermählt wurde. Ihr Ruhm wurde zu einer Gefahr für sie, denn schließlich waren vor ihr andere Frauen, die als Visionärinnen Macht und Einfluß erreicht hatten, als Betrügerinnen entlarvt worden.

Die erste Untersuchung durch die Kirche führte zu einer Bestätigung ihrer visionären Fähigkeiten, auch die Stigmen wurden für echt befunden. Vermutlich führte eine Denunziation jedoch zur zweiten Untersuchung. Diesmal fand die päpstliche Kommission bei Benedetta nicht „jenes wahre und echte geistliche Fundament, das die Voraussetzung für Gottes Gnade ist", sie vermißte „Nächstenliebe, Demut, Geduld, Gehorsam und Bescheidenheit und andere Tugenden heroischen Ausmaßes". Kurz gesagt, wurde die „Heiligmäßigkeit" ihrer Person, die etwa Ignatius von Loyola bescheinigt wurde, vermißt. Ihre Visionen waren nun plötzlich „nicht ein Ergebnis des Betens, sondern verhinderten es, da sie am Anfang auftraten und nicht während der Inbrunst des Betens, ihre Wundmale stammten vom Teufel und die mystische Vermählung hätte nur ihrer Eitelkeit" gedient. Ergebnis des zweiten Berichts: „Es ist sicher, daß Benedettas Visionen und Ekstasen teufliches Blendwerk sind." Stück für Stück demontierten die Inquisitoren ihre Wunder, und als Bartolomea über sexuelle Aktivitäten zwischen ihr und Benedetta berichtete, wanderte die „Braut Christi" ins Gefängnis. Sexuelle Fehltritte von Nonnen waren zwar bekannt, doch waren eigentlich stets männliche Liebhaber daran beteiligt gewesen. Daß zwei Frauen miteinander sexuelle Befriedigung suchen sollten, war den Menschen jener Zeit schlicht unvorstellbar. Was nicht zu begreifen ist, kann man schwer verurteilen. Also fügten die kirchlichen Vertreter ihrem zweiten Bericht noch ein Postskriptum bei, in dem sie auf die angeblichen heterosexuellen Verfehlungen Benedettas eingingen.

Benedetta war am Ende selbst davon überzeugt, daß sie ein Opfer teuflischer Machenschaften geworden war. Damit war sie für ihre Taten nicht selbst verantwortlich – es war der von Gott geschickte Teufel, der sie prüfen oder bestrafen sollte – eine Betrachtungsweise, die ihr das Leben rettete und sie für fünfunddreißig Jahre ins Gefängnis brachte.

Schwester Agatha – die Gärtnerin der Fuldaer Abtei.

Eine Regel und viele Reformen

Das Ordensleben, das Leben nach einer festen, vorgeschriebenen Ordnung – ordo –, ist mehrfach erfunden worden. Doch die Elemente, die in den verschiedensten Weltreligionen das Ordensleben kennzeichnen, sind stets die gleichen: Abkehr von der Welt, Suche nach Innerlichkeit und Einsamkeit, Askese, Enthaltsamkeit, gemeinsames Rezitieren von Texten und Gebeten, Einführungs- und Aufnahmeriten. Sehr oft gehen die Ordensgründungen von Einzelpersonen aus, die eines nicht im Sinn hatten: einen Orden zu gründen. Bekanntestes Beispiel dafür ist der heilige Benedikt, der Begründer der abendländischen Orden.

Der heilige Benedikt wurde um 480 in Nursia, dem heutigen Norcia in der Provinz Umbrien geboren. Er entstammte einer freien, landbesitzenden Familie. Diesem Stand entsprechend schickten ihn seine Eltern zu Studienzwecken nach Rom, Beamter sollte er werden. Doch Benedikt brach seine Studien ab – angeblich mißfiel ihm die sittenlose Umgebung seiner Studienkollegen – und zog sich als Einsiedler in die Sabinerberge zurück. Später wechselte er in die Wildnis von Subiaco, wo er eine fast unzugängliche Höhle an einer Felswand bezog. Dort lebte er allein und asketisch. Ein Priester versorgte Benedikt über ein Seil, das er von oben zur Höhle hinabließ, mit Nahrung.

Nachdem Benedikt mehrere Jahre als Eremit gelebt hatte, suchten ihn die Mönche des nahegelegenen Klosters Vicovaro auf und baten ihn, ihr Vorsteher zu sein. Benedikt ließ sich überreden und waltete seines Amtes mit Strenge, sehr zum Ärger seiner Untergebenen. Als er eines Tages einen ihm gereichten Becher segnete, zersprang dieser – er hatte Gift enthalten. Noch heute segnen die Benediktinermönche ihr Bierglas, bevor sie daraus trinken... Nach dem gescheiterten Attentat zog sich Benedikt enttäuscht in seine Höhle zurück. Doch Gleichgesinnte bedrängten ihn nun, ihr Vorsteher zu sein. Benedikt willigte ein, und es entstand die Einsiedlerkolonie Subiaco. Der Neid eines Priesters und ein erneuter Giftanschlag – diesmal mit vergiftetem Brot – vertrieben Benedikt schließlich aus der Gegend. 529 siedelte er auf den Berg Montecassino über. Die Gemeinschaft erbaute dort ein Kloster mit Basilika, Bibliothek, Werkstätten und einer Fremdenherberge. In Montecassino ordnete Benedikt die Regeln anderer Gemeinschaften, darunter die des heiligen Pachomius (gest. 346) und des heiligen Basilius (gest. 379). Er faßte diese zusammen und formulierte eine »Regel der Mönche«, die Regula Benedikti. Obwohl seine Schwester Scholastica gleichzeitig ein Frauenkloster leitete, schrieb er die Regel nur für Männer.

Benedikt schreibt über den Zweck seines dreiundsiebzig Kapitel umfassenden Werkes:

»Wenn wir übrigens diese Regel geschrieben haben, so deshalb, damit wir durch ihre Beobachtung in den Klöstern ein klein wenig eine gewisse (dem Mönchsstand geziemende) Anständigkeit und Tugend und einen Anfang im klösterlichen Leben beweisen« (siehe auch Seiten 20ff.).

Wie das gehen soll, hat er bis in Details vorgegeben: Innerhalb einer monastischen Familie sollen deren Mitglieder den Gottesdienst pflegen und arbeiten. Die Mönche sollen sich vor allem in Gehorsam, Schweigsamkeit, Demut, Geduld, Selbstzucht und Selbstbeherrschung üben. Auf künstliche Bußwerke, Ketten oder Geißeln etwa, wie sie im älteren Mönchtum überall vertreten waren, verzichtet Benedikt. Er schreibt eine maßvolle Askese vor: Alles soll so eingerichtet werden, daß die Starken das haben, was sie wünschen, aber auch die Schwachen nicht davor zurückschrecken. Dem Abt, der in geheimer Wahl vom Konvent bestimmt wird, erteilt der Ordensgründer fast unumschränkte Macht. Er ist der Stellvertreter Christi im Kloster, der »formende Wille der Klosterfamilien«, der Vater.

Werden und Vergehen: die Zierde eines Grabsteins.

Die Benediktinerregel galt als vom Heiligen Geist eingegeben und breitete sich mit der Unterstützung Papst Gregors I. von England ausgehend zügig aus. Von dort eroberte sie das europäische Festland. Unter Karl dem Großen (gest. 814) und Ludwig dem Frommen (gest. 840) wurde sie in die staatliche Gesetzgebung einbezogen. Das »Mönchtum« wurde zum »Benediktinertum«, es begann das »Benediktinische Zeitalter« (800 bis 1200).

Noch heute, fast eineinhalb Jahrtausende nach Benedikt, bildet diese Regel die Grundlage für das Leben in den Benediktiner- und Benediktinerinnen-Klöstern – und nicht nur in diesen. Dies liegt daran, daß der Orden zahlreiche Reformen erlebte, die erste schon 300 Jahre nach seiner Gründung – Benedikt von Aniane war der Reformator. Verschiedene, noch heute existierende Orden verdanken ihre Gründung dem zeitweisen »Verfall« der Benediktiner. Im frühen Mittelalter »verweltlichten« die Klöster zusehends: Sie mehrten Besitz und Wohlstand und vernachlässigten darüber Arbeit und Gebet; die Abhängigkeit von ihren Stiftern nahm zu, die Ordenszucht verfiel.

Die Reformbewegung von Cluny im Jahre 910 besinnt sich auf die Wurzeln des benediktinischen Mönchtums. Sie setzt die »evangelischen Räte« Armut, Buße und Gehorsam gegen Herrsch- und Genußsucht, schafft allen Privatbesitz ab, führt strenges Stillschweigen und öffentliches Schuldkapitel ein. Mönche und Nonnen verbringen fast den ganzen Tag im Chor – das Gebet soll die Arbeit ersetzen. In Deutschland übernehmen um 1080 die Hirsauer Mönche die Ordnung von Cluny und verbreiten sie.

Cluny wird der religiöse Mittelpunkt des Abendlandes, das Ordensleben erfährt einen erneuten Aufschwung.

Im 11. Jahrhundert erlebt aber auch das eremitische Ideal eine Renaissance, das Mönchtum gilt als die vollkommenste Lebensform überhaupt. Zahlreiche Mönche verlassen ihre verweltlichten Großklöster und gründen in der Einsamkeit neue Gemeinschaften. 1084 gründet der heilige Bruno den Orden der Kartäuser in Chartreuse bei Grenoble. Ende des 11. Jahrhunderts entsteht der Reformorden der Zisterzienser. Reformatoren sind der Cluniazenser-Mönch Robert von Molesme und der heilige Bernhard von Clairvaux. Die Zisterzienser nehmen die Benediktinerregel wieder wörtlich – als »Regula pura et integra« soll sie ohne Milderung und Ausnahme gelten. In Armut wollen sie leben, also verbietet die Satzung sämtliche kirchlichen Einnahmen, wie den Besitz von Kirchen und Altären und alle Einkünfte aus dem herrschenden Feudalsystem wie Zehnt, den Besitz von Dörfern, Leibeigenen, Steuern, Mühlenanteilen. Die Mönche sollen wieder selbst arbeiten – zur Unterstützung dürfen sie Laienbrüder aufnehmen. Es wird festgelegt, daß alle Neugründungen nur in abgelegenen, unbewohnten Gegenden erfolgen dürfen. Äußeres Zeichen für den Neuanfang ist die neue Tracht: Die Mönche tragen eine naturwollfarbene Tunika, einen schwarzen Gürtel und eine schwarze Kapuze – nur das schwarze Skapulier wird beibehalten.

Pieta von Christoph Daniel Schenk aus dem Jahre 1684 – einer der Schätze des Dominikanerinnenklosters in Zoffingen.

Der Orden der Zisterzienser breitet sich rasch aus, schneller als jeder andere – ein Verdienst des heiligen Bernhard von Clairvaux. Parallel zu den Männergemeinschaften entstehen zisterziensische Frauenklöster. Doch die Mönche sträuben sich bis zum Ende des 12. Jahrhunderts gegen deren Aufnahme in den Orden – erst danach übernehmen sie ihre seelsorgerische Betreuung.

Der allmähliche Niedergang des Ordens beginnt gegen Ende des 12. Jahrhunderts – der Reichtum hat zu Regelmilderungen, Streitereien und Reformversuchen geführt. In späteren Jahrhunderten paßt sich der Orden in Organisation und Spiritualität den zeitgenössischen Orden an. So errichten die Zisterzienser im 13. Jahrhundert Studienhäuser wie die Bettelorden und übernehmen nach dem Verbot des Jesuitenordens den Unterricht an den Gymnasien.

Ende des 14. Jahrhunderts kommt es abermals zu einem Verfall des Ordenslebens, in dessen Folge zahlreiche Musterklöster und Reformkongregationen, etwa in Melk und Hirsau entstehen. Ein Bericht aus der Fürstabtei Rynsburg zeigt, welche Formen der »Verfall« der klösterlichen Sitten annehmen konnte:

»An Festtagen wurde in dieser reichen Fürstabtei bei Tisch durch Trommler, Pfeifer und Bläser musiziert. Wenn die Äbtissin zum Hochamt oder zur Vesper erschien oder wenn sie an einer Prozession teilnahm, ging ihr Hofstaat ihr voraus: der Kaplan, zwei oder drei Diener und ein Kämmerer. Bei Reisen kam noch eine Kaplanin hinzu. Am Palmsonntag nahmen die Nonnen an der Palmweihe in der Stadtkirche teil, sahen sich die Palmprozession an und kehrten dann in die Klosterkirche zurück, um dort das Offizium fortzusetzen. Am Montag, Mittwoch, Freitag und Samstag war gemeinschaftlicher Spaziergang außerhalb des Klosters; erhielt sie Besuch von den

Verwandten, so konnte die Nonne mit diesen im Gästehaus speisen. Ebenso fand gemeinsames Essen mit allen Besuchern beim Eintritt einer Nonne ins Kloster statt. Zum Eintritt erschien die adelige Dame in golddurchwirktem Gewand und pelzverbrämtem Mantel, der dem Kloster als Geschenk zukam oder von den Verwandten um Geld wieder zurückgekauft werden konnte.« (Stephanus Hilpisch: Benediktinerinnen)

Im Jahre 1678 erlebt der Benediktinerorden die letzte große Reform, als Abt de Rancé in La Trappe den Orden der Trappisten gründet. Er führt die alten zisterziensischen Bräuche wieder ein und belebt die strenge mönchische Askese des Mittelalters neu.

Seit dieser Zeit hat es keine benediktinische Reformbewegung mehr gegeben. Zwar wurden Änderungen vorgenommen, Anpassungen an die jeweilige Zeit, doch gingen diese von der Kirche aus, während die Reformen zunächst immer die Werke einzelner waren.

Die letzte zeitangepaßte Erneuerung sämtlicher Orden verfügte das Zweite Vatikanische Konzil, das von 1965 bis 1968 tagte. Im damals erstellten »Ordensdekret« fordert die Kirche unter anderem: Verständnis für die heutige Welt und geistige Aufgeschlossenheit, Anpassung von Lebensweise und Apostolat an das moderne Leben, Aufhebung von Standeseinteilungen und sozialen Unterschieden innerhalb der Gemeinschaften, gleiche Rechte und Pflichten für alle und die Abschaffung überlebter Klausurgebräuche.

Trotz dieses Versuches zur Vereinheitlichung gibt es Unterschiede zwischen den jeweiligen Benediktinerklöstern, sie sind allerdings minimal und betreffen die Kleidung, die Tageseinteilung, die Arbeitsgebiete und das Gebet: In einem Kloster wird mehr, im anderen weniger gesungen, hier fast ausschließlich lateinisch, dort deutsch gebetet. Auch die Unterschiede zwischen den verschiedenen Orden sind kleiner geworden, die Zisterzienser leben heute fast genauso wie die Benediktiner.

Allein an den Kartäusern sind die Zeiten anscheinend spurlos vorübergegangen, sie leben heute noch so wie vor 800 Jahren. In ihnen lebt es fort: das »Geheimnis der weißen Mönche«.

KLOSTER FÜR ALLE:

BENEDIKTINERINNEN

Abtei Frauenwörth im Chiemsee

Die Abtei Frauenwörth im Chiemsee wurde der Überlieferung nach um das Jahr 770 von Bayernherzog Tassilo III. gestiftet. Seither leben Ordensfrauen in diesem Kloster nach der Regel des heiligen Benedikt. Mit dem Leben nach dieser Regel lassen sich vielfältige Aufgaben und Arbeiten verbinden. Jedes Kloster hat dadurch sein besonderes Gepräge. Die Schwestern von Frauenchiemsee widmen sich seit 1838 der Jugenderziehung in Schule und Internat. Dazu kommen Apotheke, Café, Kellerei, der Garten und das Gästehaus. Wer sich für das Leben als Benediktinerin interessiert, wendet sich zur Kontaktaufnahme an die Äbtissin. Sie gibt Interessenten auch Informationen für Besuche im Gästehaus. Ein »Kloster auf Zeit« gibt es in Frauenwörth nicht.

Äbtissin M. Domitilla Veith OSB
Abtei Frauenwörth
8211 Frauenchiemsee
Telefon: (08054) 653

Kloster Neustift

Auch das Kloster Neustift führt Schulen mit Internat, Kindergärten, Altenheime und betreut Kranke ambulant. In Seminaren wird Wirtschaftsführung gelehrt. Mädchen, die sich näher für diese Gemeinschaft interessieren, können ein Wochenende dort verbringen.

Benediktinerinnen der Anbetung
Neustift 11
8359 Ortenburg
Telefon: (083542) 671

Blick in den Klosterinnenhof der Abtei Fulda.

Kloster St. Alban am Ammersee

Die Benediktinerinnen von St. Alban sind im Jahre 1923 als Vereinigung der »Schutzengelschwestern« entstanden und widmeten sich insbesondere der Pflege von Waisenkindern und der Erziehung von Jugendlichen. Nach wie vor bildet die Erziehungsarbeit die Hauptaufgabe der Schwestern. Sie führen in der herrlichen Landschaft am Ammersee ein heilpädagogisch orientiertes Heim, in dem rund hundert Jugendliche in Familiengruppen betreut werden. Die Benediktinerinnen vom Ammersee pflegen noch die gregorianischen Gesänge. Interessenten sind eingeladen, dabei mitzufeiern, mitzusingen und das klösterliche Leben kennenzulernen.

Kloster der Benediktinerinnen von St. Alban
8918 Dießen am Ammersee
Telefon: (08807) 5001

Kloster Kellenried in Oberschwaben

Die Abtei St. Erentraud, über dem Schussental gelegen, ist die einzige Benediktinerinnenabtei in Oberschwaben. Die Schwestern führen zwei kunstgewerbliche Werkstätten. Fast das ganze Jahr hindurch bieten sie in ihrem Gästehaus Exerzitien und Meditationswochenenden an, veröffentlichen gelegentlich religiöse Artikel und übernehmen Übersetzungsaufträge. Mehrfach war Kellenried auch schon Thema journalistischer Berichte, so im Magazin »GEO«. (Heft 12/1981. Von der Fotografin dieser Reportage stammen auch die Bilder auf den Seiten 9ff. dieses Buches.)

Kontaktadresse und Programme:
Kloster Kellenried
Sr. Hedwig Sickinger
7981 Berg 3

Anmeldungen für Kurse richten Sie bitte schriftlich an:

Gästehaus der Benediktinerinnen-Abtei
St. Erentraud
Kellenried 3
7981 Berg 3

Kloster Marienburg im Schwarzwald
Die Benediktinerinnen von der ewigen Anbetung, von der Marienburg zu Ofteringen pflegen ein kontemplativ geprägtes Gemeinschaftsleben. Ofteringen liegt im südlichen Schwarzwald, unweit der Schweizer Grenze. 1862 zogen die ersten Schwestern in das Schloß. Zur Zeit sind sechsundzwanzig Schwestern im Kloster, die ihren Lebensunterhalt mit »ihrer Hände Arbeit« bestreiten. Neben dem kontemplativen Gebet halten die Benediktinerinnen von Ofteringen Tag und Nacht Wache vor dem Tabernakel – ein Sonderauftrag der Kirche als eucharistischer Sühnedienst. »Wach sein für Gott in ständiger Anbetung« ist das Motto dieser »Klosterwache«. Auf persönliche Anfrage sind Besuche zum Kennenlernen das ganze Jahr über möglich. Ernsthaft Interessierte sind eingeladen zum »Kloster auf Zeit«.

Benediktinerinnenkloster Marienburg
7896 Wutöschingen bei Ofteringen
Telefon: (07746) 5253

Abtei St. Hildegard bei Rüdesheim
Von 1900 bis 1904 wurde die Abtei St. Hildegard oberhalb Rüdesheim-Eibingen erbaut und von Benediktinerinnen aus der Abtei St. Gabriel in Prag besiedelt. Gegründet wurde das Kloster aber bereits im Jahre 1165 von der heiligen Hildegard, der Äbtissin vom Rupertsberg bei Bingen – heute berühmt als Hildegard von Bingen (siehe Seite 38). Die jetzige Äbtissin gilt als achtunddreißigste Nachfolgerin von Hildegard. Sie steht rund einhundert Schwestern vor.

Benediktinerinnen-Abtei
St. Hildegard
6220 Rüdesheim/Rhein-Eibingen

Herz-Jesu-Kloster in Köln
Im Jahre 1895 wurde das Herz-Jesu-Kloster der »Benediktinerinnen vom Heiligsten Sakrament« auf einer mittelalterlichen Folter- und Hinrichtungsstätte, dem Kölner Raderberg, erbaut. Damals noch von Wiesen und Feldern umgeben, liegt es heute mitten in einem dichtbesiedelten Wohngebiet – eine Oase des Schweigens in der hektischen Großstadt. Ihren Lebensunterhalt verdienen die Kölner Benediktinerinnen mit einer Landwirtschaft für die Selbstversorgung und mit einer Hostienbäckerei.

Benediktinerinnen vom Heiligsten Sakrament
Brühler Straße 74
5000 Köln 51
Telefon: (0221) 382962

Abtei Maria Heimsuchung in der Eifel
Die Abtei Maria Heimsuchung ist eine Gründung des belgischen Priorats Notre Dame Ermeton. Fünf deutsche Schwestern kamen 1951 von dort nach Deutschland, um einen geeigneten Ort für die Neugründung zu suchen. In Steinfeld in der Eifel wurden sie 1954 fündig. Heute zählt der Konvent zwanzig Schwestern. Das Gästehaus des Klosters steht Menschen offen, die »Besinnung und Einkehr, Begegnung und Gespräch suchen.« Für Frauen mit Familie sind im Rahmen des Müttergenesungswerkes regelmäßig Erholungskuren möglich.

Abtei Maria Heimsuchung
Hermann-Josef-Str. 6
5370 Kall-Steinfeld
Telefon: (02441) 340

Abtei Mariendonk in Kempen
Auch Mariendonk ist ein Kloster mit kontemplativer Tradition, in dem noch der gregorianische Choral gesungen wird. Vierzig bis fünfzig Schwestern betreiben eine Landwirtschaft, eine Hostienbäckerei und eine Paramentenwerkstatt. Daneben arbeiten die Schwestern auch im wissenschaftlichen Bereich. Für Gruppen von Jugendlichen und Frauen werden Exerzitien und Einkehrtage angeboten. Wer sich näher für das klösterliche Leben interessiert, kann sich bei einem Gastaufenthalt orientieren.

Abtei Mariendonk
4152 Kempen 1
Telefon: (02152) 4168

Abtei Burg Dinklage
Mit Handweberei, Hostienbäckerei, Paramentik und Gärtnerei verdienen sich die Schwestern ihren Lebensunterhalt. Daneben betreiben sie auch ein Gästehaus. Dorthin eingeladen sind junge Frauen ab achtzehn Jahren, die im Kloster mitbeten wollen, erwünscht ist die Mitarbeit im Garten. Einmal im Jahr wird eine Woche »Kloster auf Zeit« angeboten. In engem Anschluß ans Klosterleben stehen – neben Gebet und Arbeit – Vorträge, Meditationen und Gespräche auf dem Programm.

Abtei Burg Dinklage
2843 Dinklage
Telefon: (04443) 1268 und 2068

Kloster Maria Hamicolt bei Dülmen
Auch im Kloster Maria Hamicolt bei Dülmen werden Gruppen im Exerzitienhaus willkommen geheißen. Eingeladen sind besonders Jugendliche ab siebzehn Jahren, die echtes Interesse mitbringen sollten. Unterbringung im Gästehaus oder in der Halbklausur. Teilnahme am Chorgebet ist möglich. Zeitpunkt und Dauer von Besuchen nach Absprache. Ein finanzieller Beitrag wird nicht erhoben.

Kloster Maria Hamicolt
4408 Dülmen-Rorup
Telefon: (02548) 640

Abtei St. Maria in Fulda
Im Jahre 744 bereits errichteten Mönche das Kloster an der Fulda. 1626, während des 30jährigen Krieges, kamen Benediktinerinnen in die Stadt. Im gleichen Jahre wurde der Grundstein für die Klosterkirche gelegt. Diese ist wegen ihres Baustils interessant: Zu einer Zeit, als im weltlichen Bereich längst der Renaissance-Stil üblich geworden war, entstand hier noch einmal ein Bauwerk der Hochgotik. Der Altarraum ist ebenso wie der Nonnenchor erhöht – eine sehr seltene architektonische Variante. Als 1803 die ehemals berühmte Reichsabtei aufgelöst wurde, konnte das Frauenkloster die Tradition bewahren und weitergeben. Die Abtei St. Maria ist eine der wenigen Frauenabteien auf deutschem Boden, die trotz vielfacher Bedrängnis und Bedrohung seit ihrer Gründung bis in die Gegenwart bestanden hat.

Zum Kloster gehören zwei Gärten. Der eine liegt innerhalb der Klostermauern, der andere am Stadtrand. Der eigentliche Klostergarten ist etwa 2000 Quadratmeter groß und wird vornehmlich mit Gemüse bebaut. Das Kloster versorgt sich weitgehend mit dem eigenen Gemüse und Obst. Der Garten wird seit den fünfziger Jahren streng nach der Mischkulturmethode bewirtschaftet, allerdings nicht in strengen Reihen. Kloster Fulda ist daher für junge Menschen, die auch Entspannung in der Natur suchen und im Freien arbeiten wollen, sehr zu empfehlen.

Das Gästehaus des Klosters ist während des ganzen Jahres für interessierte Einzelgäste geöffnet. Zweimal im Jahr stehen »Tage der Besinnung« für Jugendliche auf dem Programm.

Fulda ist auch geeignet für Menschen, die sich enger an ein Kloster und die benediktinische Lebensform binden wollen. Als sogenannte Oblaten können sich auch Laien der Regel Benedikts unterwerfen und das Prinzip von Ora et labora auch in ihrer privaten Sphäre verwirklichen. Nach einem Probejahr und einem Jahr Noviziat folgt die »Oblation«, das Versprechen, besonders für Gott zu leben. Die Oblaten zählen so zur spirituellen Gemeinschaft eines bestimmten Klosters – als weltliche Ordensleute.

Abtei zur Heiligen Maria
Nonnengasse 16
6400 Fulda
Telefon: (0661) 22061

Kreuzgang mit gotischem Gewölbe – Benediktinerinnen-Abtei zur Heiligen Maria in Fulda.

Kloster Ettal
Nicht alle Mönche sind ausschließlich glücklich darüber, daß das Klosterleben heute regelrecht (nicht regel*ge*recht!) »in« ist. Pater Anselm Stitzinger OSB von der bekannten Benediktinerabtei Ettal etwa sandte uns zwar Informationen auf unsere Befragung, verhehlte aber keineswegs seine Bedenken gegen die »moderne« Auseinandersetzung mit dem Thema »Kloster«, die allzu häufig »Randnotizenwichtigkeit besitzt und nicht den Kern der Sache trifft... Uns liegt sehr daran, daß wir nicht ins folkloristische Fahrwasser oder in eine Art modisch aufgeputzter Romantik hineingeschrieben werden.«

Die Mönchsregel der Benediktiner hat ein eigenes Kapitel: »Über die Aufnahme der Gäste.« Zu allen Zeiten haben die Benediktinerklöster sich dieser Aufgabe gewidmet. Große Abteien im Mittelalter hatten eigene Häuser dafür, und nicht selten ersetzten diese die fehlenden Gasthäuser oder Herbergen. Auch heute ist es möglich, eine Zeitlang Aufnahme im Kloster zu finden, weniger aus Gründen der leiblichen Erholung freilich.

Wer jedoch Ruhe sucht und den von den Gebetszeiten geprägten Ablauf des klösterlichen Tages zu einer Art »Schule des Betens« für sich selbst machen möchte, wer zu einer geistlichen Besinnung kommen will und hierfür Impulse – durch Lektüre, Gespräche oder einfach Distanz zum Werktag – braucht, wer wieder »Gott und die

Welt« zu seinem persönlichen, ganzheitlichen Thema zu formulieren wünscht, der sollte versuchen, als Gast Zutritt zu finden. In Ettal können Gäste im engen Anschluß an die klösterliche Gemeinschaft, im Chorgebet, in der Stille der Klausur, durch die Benützung einer reich ausgestatteten Bibliothek ein je nach ihren Bedürfnissen individuell gestaltetes, geistliches Leben führen.

Für Einzelgäste werden auch Privatexerzitien abgehalten. Kurse oder »Kloster auf Zeit« gibt es dagegen nicht.

Benediktinerabtei Ettal
P. Anselm Stitzinger OSB
8107 Ettal

Kloster Andechs

Vielleicht das bekannteste deutsche Kloster überhaupt ist ebenfalls eine Gründung der Benediktiner: In die mittelalterliche Burg der Grafen von Andechs wurden 1455 Benediktiner zur Betreuung der ältesten bayerischen Wallfahrt zu der »Heilig-Land-Reliquie« berufen. 1803 wie alle Klöster Bayerns säkularisiert, erstand Kloster Andechs 1850 als Wirtschaftsgut der von König Ludwig I. neu begründeten Abtei St. Bonifaz in München wieder.

Auch heute noch ist Andechs Ziel vieler, zum Teil uralter Wallfahrten, Ziel von Betenden und auch Touristen. Letztere zieht es vor allem wegen der weltberühmten Klosterbrauerei auf den »heiligen Berg«, in der ein ungewöhnlich gutes – und starkes – Bier gebraut wird.

Andechs wird aber auch zunehmend zu einem Ort der Einkehr; das Kloster lädt Ruhe und Gespräch suchende Menschen ein, am klösterlichen Leben und an der benediktinischen Liturgie teilzunehmen.

Benediktinerkloster
8138 Andechs
Telefon: (08152) 1012

Abtei St. Bonifaz
Karlstraße 34
8000 München 2
Telefon: (089) 554041

Abtei Ottobeuren

Alljährlich zieht es Tausende von Wallfahrern, Touristen und Erholungssuchenden auch nach Ottobeuren ins Allgäu, nahe Memmingen. Für viele ist die sehenswerte Barockkirche mit den berühmten Orgeln von Meister Karl Riepp das Ziel oder das Klostergebäude mit seinen Kunstsammlungen. Mehr und mehr Menschen interessieren sich aber auch unmittelbar für das Leben und die Aufgaben der Mönche.

Das Benediktiner-Kloster Ottobeuren besteht seit über 1200 Jahren. Selbst als die Abtei nach der Säkularisation aufgehoben war, hielten die Mönche im Geheimen am gemeinsamen Chorgebet fest, bis das Kloster wieder neu errichtet wurde.

Ottobeuren war stets ein religiöses und kulturelles Zentrum mit teilweise großer Ausstrahlungskraft, eingebettet in eine lebendige Beziehung des Klosters zur Region. Neben der Schule ist heute auch die Kurseelsorge, die in Ottobeuren stets ökumenisch angelegt war, im Mittelpunkt der Aktivitäten. Für Jugendliche steht eine Jugendherberge bereit, Gäste finden im Kloster selbst Räume für Besinnungstage oder Bildungskurse. In beschränkter Zahl wird für Feriengäste auch ein »Kloster auf Zeit« angeboten.

Benediktinerabtei Ottobeuren
Sebastian-Kneipp-Straße 1
8942 Ottobeuren
Telefon: (08332) 8128

Erzabtei St. Ottilien

Mit diesem Namen schließt sich der Kreis der berühmten bayerischen Benediktinerklöster. Die Erzabtei St. Ottilien wurde von Pater Andreas Amrhein, einem Benediktiner von der Erzabtei Beuron begründet.

Die junge Gemeinschaft übernahm bald einen Missionsauftrag in Afrika und wurde um die Jahrhundertwende richtig aufgebaut. Von den beiden Weltkriegen wurden die Mönche schwer getroffen, besonders, als 1941 die Erzabtei durch einen Gewaltakt der NS-Machthaber aufgehoben wurde.

Um den vielfältigen Aufgaben in der Mission gewachsen zu sein, wird in St. Ottilien die Ausbildung der Mönche besonders gepflegt. Neben einem Internat existiert ein Seminar für Handwerker, und in der Landwirtschaft von St. Ottilien hat mancher fortschrittliche Landwirt gelernt.

Jungen Männern steht der Weg nach St. Ottilien ab achtzehn Jahren offen. Wer zunächst einmal etwas Klosterluft schnuppern und den Mönchen über die Schultern schauen möchte, kann es mit dem »Kloster auf Zeit« versuchen. Teilnahme am Chorgebet, Einführung in die benediktinische Spiritualität und auch körperliche Arbeit stehen auf dem Programm.

Erzabtei St. Ottilien
Pater Magister
8917 St. Ottilien
Telefon: (08193) 711

Abtei Weltenburg bei Regensburg

Nach der Säkularisation wurde 1842 das älteste bayerische Kloster, die Abtei Weltenburg in der Diözese Regensburg wieder besiedelt. Dem Kloster ist das Begegnungshaus St. Georg angeschlossen, das Gästen für Besinnungstage offensteht.

Abtei Weltenburg
Abt Dr. Thomas Niggl OSB
8420 Kelheim

Erzabtei Beuron in der Schwäbischen Alb

Über hundert Mönche, Laien und Priester, leben in der Erzabtei St. Beuron am Fuße der Schwäbischen Alb. Gegründet 1863 entwickelte sich die Abtei bald zu einem Zentrum der Liturgie, der Kunst, der Wissenschaft und des Handwerks. Beuron ist heute eines der wichtigsten Zentren klösterlichen Denkens und neuer religiöser Aufbrüche. Es war auch Ursprung vieler Tochterklöster.

Beuron verfügt über eine autarke Ökonomie mit Bäckerei, Buchbinderei, Druckerei, einer Elektrowerkstatt mit eigenem E-Werk, einer ausgedehnten Gärtnerei, einem Kunstverlag und Kunstwerkstätten, einer Malerwerkstatt, Metzgerei, einer Landwirtschaft, Schneiderei, Schreinerei.

Der wissenschaftlichen Arbeit dient unter anderem die bekannte Bibliothek mit über 300000 Bänden.

Beuron bietet ständig Exerzitien und Einkehrtage. Erwachsenenbildung und Jugendarbeit sind weitere Veranstaltungsschwerpunkte. Nach Anfrage sind Besuche im Gastflügel des Klosters jederzeit möglich; ernsthaft Interessierte können für einige Tage am Klosterleben teilnehmen.

Benediktiner-Erzabtei
P. Theodor Hogg OSB
7792 Beuron
Telefon: (07466) 401

Abtei Gerleve
Zum niedersächsischen Billerbeck gehört die Benediktiner-Abtei Gerleve. Das Kloster pflegt neben der Pastorale wissenschaftliche und handwerkliche Tätigkeiten.

Eingeladen sind junge Männer ab sechzehn Jahren, die Stille, Sammlung oder das geistliche Gespräch suchen. Sie werden im Gästetrakt des Klosters untergebracht. Eine direkte Teilnahme der Gäste am Gemeinschaftsleben der Mönche ist nicht möglich.

Zeitpunkt und Dauer des Aufenthaltes, beim ersten Besuch sind es in der Regel vier bis sechs Tage, richten sich nach Absprache. Der finanzielle Beitrag richtet sich nach den Möglichkeiten des einzelnen, für Berufstätige beträgt er etwa dreißig DM pro Tag.

Abtei Gerleve
4425 Billerbeck
Telefon: (02541) 70043

Priorat St. Benedikt
Hoch in Deutschlands Norden vorgedrungen sind die Missionsbenediktiner des Priorats St. Benedikt in Damme. Die Missionare sehen eine wichtige Aufgabe in öffentlichen Kursen und der Betreuung von Gästen. Eingeladen sind Jugendliche ab siebzehn Jahren zu Einzelaufenthalten und Informationstagen. Unterbringung und Verpflegung im Gästebereich. Teilnahme am Stundengebet, Gespräche, Mitarbeit im Haus, in Garten und Wald.

Die Tagesgestaltung erfolgt jedoch weitgehend nach eigenem Ermessen. Zeitpunkt und Dauer des Aufenthaltes nach Absprache.

Wer täglich mindestens drei Stunden Handarbeit leistet, hat seine Aufenthaltskosten »abgedient«.

Für Männer ab achtzehn Jahren werden einwöchige Kurse »Kloster auf Zeit« geboten. Die Teilnehmer leben in engem Anschluß an den Tagesablauf der Mönche, einschließlich Vorträgen und Gesprächen.

Priorat St. Benedikt
Benediktstraße 19
2845 Damme
Telefon: (05491) 3011 und 3012

Österreich/Schweiz/Südtirol
Folgende Benediktinerklöster bieten in Österreich und der Schweiz »Kloster auf Zeit« beziehungsweise Einkehrtage an:

Benediktiner-Abtei Disentis
CH-7180 Disentis/Graubünden
Telefon: (086) 75145

Benediktiner-Abtei Kremsmünster
A-4550 Kremsmünster/Oberösterreich
Telefon: (07583) 277
»Kloster auf Zeit« jährlich während der Kartage, Jugendwoche im Sommer.

Kloster Mariastein
CH-4115 Mariastein/Solothurn
Telefon: (061) 751010

Kloster Glattburg
CH-9245 Oberbüren/St. Gallen
Telefon: (073) 515378
Besinnungs- und Entspannungstage für Gäste. Das Kloster liegt in waldreicher Umgebung.

Abtei Seckau
A-8732 Seckau/Obersteiermark
Telefon: (03514) 234-236
Einkehrtage für Männer, einzeln und in Gruppen (Männer und Jugendliche).

Stift Seitenstetten
A-3353 Seitenstetten/Niederösterreich
Telefon: (07477) 2300

St. Otmarsberg
CH-8730 Uznach
Telefon: (055) 722287
Besinnungstage und Privatexerzitien für Männer, einzeln oder in kleinen Gruppen.

Die Gotteslust der Kartäuser

Areopagitæ
17

Lesen in der Lektüre Gottes: Uralte Handschriften lagern in den klösterlichen Bibliotheken, kostbare, manchmal einmalige Bücher. Lesen födert die innere Ruhe, die Konzentration auf Gott. Danach suchen die Kartäuser, wie hier im schweizerischen Kloster La Valsainte.

Abbildung links:
Bibliothek der Kartause
La Valsainte.
Abbildung Seite 62/63:
Kartäusermönche in La Valsainte

SOLI·DEO
1729

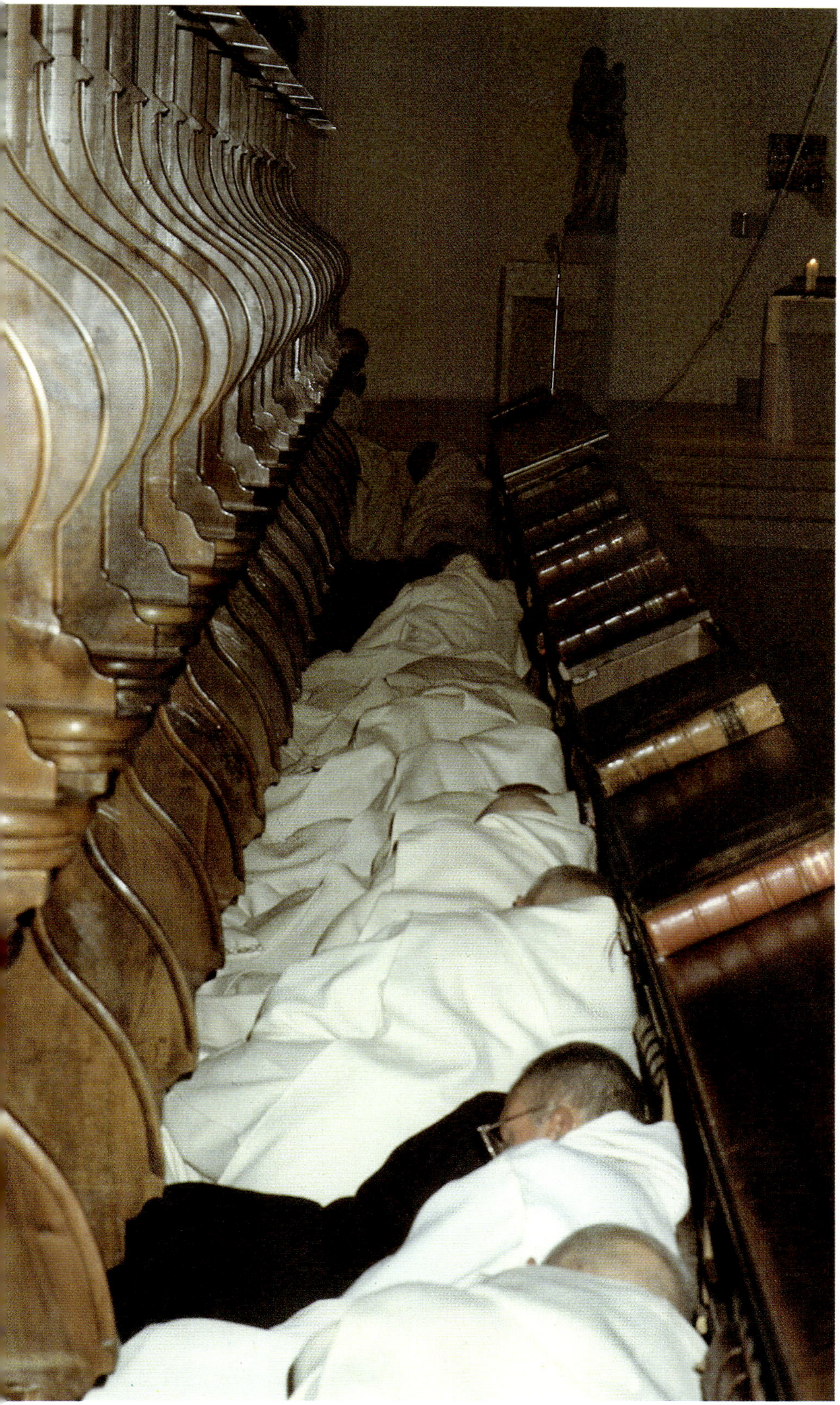

Eintreten in das Reich Gottes: Die Kartäuser sind die lebenden Mystiker in der Kirche. Sie widmen sich in ihren Klöstern allein dem Gebet.

Beten und arbeiten: Der Alltag der Kartäuser im schweizerischen La Valsainte verbindet Handwerk und Meditation – wie in einer alternativen Utopie. Als Zeichen der Demut sägt jeder Mönch sein Brennholz selbst.

Die Alternativen von Marienau

Kurvenreich schlängelt sich die Straße durch das entlegene oberschwäbische Hinterland auf unser Ziel hin. Sonst gebe ich gerne Gas hier, rausche durch diesen verzauberten Flecken bäuerlicher Landschaft, dröhne an gegen eine Stimmung, die von Natur aus zur Ruhe, zum Schweigen drängt. Nur noch Grün um uns, wie hergerichtet für unsere außergewöhnliche Audienz. Irgendwie plagt mich heute ein schlechtes Gewissen, im Karacho zum Kloster zu rasen.

Einige Höfe noch, das versteckte Dorf Seibranz, dann breitet sich ein dunkler Fichtenforst vor uns aus. Hier fangen die endlosen Wäldereien, die Monokulturen des Fürsten Zeil an. Der hölzerne Dachreiter der Kirche späht über den Wald hinaus und verrät das Versteck.

Gelockt vom exotischen Thema beißen die Journalisten in Marienau gewöhnlich auf Granit, kommen nur bis zu den breiten Mauern, die jetzt vor uns in der Sonne gleißen. Eine steinerne Symbolik, abwehrend, kalt, festgefügt wie eine Trutzburg. Kein Auto auf dem winzigen Parkplatz, mir scheint, als würden sogar die Vögel die Stimme anhalten, um die Ruhe ja nicht zu stören. Wie soll ich die Motivation der Mönche herausfinden, ihrer Lust am Beten nachspüren, mit ihnen über Gott diskutieren? Die Mönche scheinen Zeit zu haben. Soll ich mich ärgern oder sie beneiden, die Frage begleitet mich die nächsten Wochen. Ein Gefühl wie in Kindertagen vor dem Beichtstuhl beschleicht mich, verängstigt und fasziniert zugleich von der schwül-dunklen Atmosphäre, der geheimnisvollen Aura, die so erregend war wie der Weihrauch-Duft beim Ministrieren.

Endlich öffnet sich das schwere Tor. Kein Knarren, alles läuft wie geölt, die Mönche sind gute Handwerker. Bruder Klaus empfängt uns. In einem kahlen Zimmer erwarten wir den Prior, durch das Fenster werfe ich einen Blick auf die farbig blühende Naturwiese im Innenhof. Diese Begegnung wird entscheiden: Dürfen wir uns einmischen, reden mit den Mönchen, das Nachtgebet miterleben, auch unbequeme Fragen stellen? Fühlen sie sich selbst als Aussteiger? Was halten sie von der weltlichen Kirche?

Es dauert wieder. Verstohlen sehe ich auf die Uhr, obwohl wir noch unbeobachtet dasitzen. Die Stille bricht mir ins Gehirn, schmerzhaft fast. Kein Ton draußen, kein Laut innen. So muß es jenem Großstadtfreund zumute gewesen sein, der mit mir auf einem verschneiten Allgäuer Berggipfel saß und nichts wie weg wollte: »Verdammt, warum ist das so still. Ich halte das nicht aus – allein mit mir.« So ergeht es mir heute, der Trubel von hektischen Tagen läßt sich nicht wegwischen. Im Kopf geht die Autofahrt weiter, endlos über die Autobahn von Hamburg gen Süden, rast noch die Begleitmusik, tauchen die Unfälle wieder auf, meine Gedanken sind unpassend, während ich mich geistig einzustimmen versuche. Dann tritt der Prior ein: ganz in Weiß, halb versunken in der weiten Kutte, ein scheues Lächeln um die Lippen. Bedächtig beginnt er zu antworten, Schweizer Dialekt und Mentalität treffen sich da. Nein, im Prinzip habe er nichts gegen Journalisten, nur die Ordensregel sei nun mal strikt gegen jede Propaganda. Die Kartäuser wollen niemanden missionieren, niemanden überzeugen. »Wir haben uns gelöst von der Welt«, sagte er. »Wir leben im Jenseits, mit dieser Welt verbindet uns nur noch wenig. In der Welt gilt nur noch die Devise ›Alles haben und nichts sein‹. Wir haben die Konsequenz umgedreht, wollen alles sein und nichts haben.« Sätze wie holzgeschnitzt. Kein Wort zuviel. Genug der Information, alles andere stehe doch geschrieben. Irgendwas verunsichert mich: Das strenge und doch charmante Gesicht hat keine Ähnlichkeit mit den raffinierten Typen jener sich hinter leerer Weisheit versteckender Gurus östlicher Sekten. Diese Ruhe, die der Mensch ausstrahlt. Da ist etwas, was mir abgeht, fehlt, verdrängt ist, was ich manchmal nur erhasche. Der Pater argumentiert schlicht und schlüssig bei aller Wortkargheit. Er ist informiert über die Welt draußen – »nichts Neues in West und Ost« lese ich in seinem Lächeln. Jetzt weiß ich, was mich interessiert. Die verdrängte Stille, die Macht des Schweigens.

Ich begreife, daß dieser Orden ebenso exotisch wie konventionell ist. Was uns fasziniert oder befremdet, je nachdem, ist der Mut der Mönche, etwas zu leben, was wir für uns abgeschoben haben. Die Kartäuser leben viel von dem, was wir nur diskutieren. Die Kartäuser sind anders. Ein Fremdkörper noch in der Kirche, selbst unter Ordensleuten. Scheel angesehen bei vielen aktiven Christen ob ihrer Passivi-

Die »Wüste der deutschen Kartäuser« liegt in einem großen oberschwäbischen Forst des Fürsten Zeil – gut versteckt und für Besucher fast stets verschlossen. Die Mönche sind hierher in die Einöde des Allgäu geflohen, als neben ihrem alten Kloster bei Düsseldorf ein Flugplatz angelegt wurde.

tät – »die tun ja nichts außer beten«. Die Kartäuser taugen nicht als Vorzeigeheilige. Tatsächlich ist der Alltag der Mönche ein Alltag von strenger Monotonie über vierundzwanzig Stunden hinweg. »Drei Dinge halten das einsame Leben in der Zelle zusammen«, schrieb der Generalprior Dom Le Masson, einer der wichtigsten Ideologen des Ordens, etwa um das Jahr 1700: »Inneres Gebet, Studium und Handarbeit. Diese sind wie der Zement, wenn man ein Element herauslöst, fällt das Leben in der Einsamkeit auseinander.«

Die einsame Eremitage wird unterbrochen durch spärliche Gemeinschaftserlebnisse: In der Erholungspause nach dem Essen an Sonn- und Feiertagen, oder beim wöchentlichen Spaziergang in die Wälder der Umgebung treffen sich die Mönche außerhalb der gemeinsamen Messen, und dann darf auch gesprochen werden. Ansonsten gilt strengstes Stillschweigen, jede Ausnahme muß vom Prior erlaubt sein. Sechs Uhr morgens wird das erste Gebet in der Zelle gesprochen, es folgen Meditation und Anbetung, um 7.15 Uhr die erste gemeinsame Messe. Frühstück gibt es nie. Um 9.30 Uhr ist Studium angesagt, eine Stunde später Handarbeit für dreißig Minuten, bevor ein neues Gebet zu Mittagessen und »Siesta« überleitet. Ab 13.15 Uhr wieder »Ablenkung« mit Studium und anschließender Handarbeit. Erneut eine Messe in der Kirche, die dritte Studieneinheit und das Abendessen – im Winter nur Brot und Getränk – um 16.45 Uhr füllen den Nachmittag. Nach einer kurzen »Recollectio« wird es wirklich ernst am Abend: Nach einigen Stunden Schlaf folgen Gebete in der Zelle, dann die zweistündige Mitternachtsmesse in der Kirche, der Höhepunkt des Stundenplans.

Ein unerbittlicher Rhythmus – ohne die gewohnten bürgerlichen Ablenkungen wie Zeitung, Radio oder Fernsehen, ganz zu schweigen von Treffen mit Bekannten oder abendlichen Vergnügungen.

Die Kartäuser ernähren sich vegetarisch. Fleisch ist absolut verpönt. Grundnahrungsmittel neben dem täglichen Brot sind Kartoffeln, (heimisches) Gemüse und Obst. Jeden Freitag wird gefastet bei Wasser, Brot und Salz. Fasten heißt die Devise auch im Advent, und in der Fastenzeit werden Körper und Geist sowieso auf diese Art entschlackt. Horten von Nahrungsmitteln über die Mahlzeiten hinaus ist auch nicht erlaubt, nur sonntags schließlich kommt Fisch auf den Tisch. Lediglich bei den Getränken geht es lockerer zu – Bier, selbstgemachter Sprudel, Tee und Most stehen zur Auswahl. Alkohol ist nicht verboten, aber Mäßigung ist auch da selbstverständlich. Getrunken wird nur zu den Mahlzeiten. Alle Speisen, so verlangt es die Regel, sind einfach zuzubereiten, es gibt keine Selbstbedienung, alles wird portioniert, außerhalb der Essenszeiten gibt es nichts, Verschwenden von Nahrungsmitteln ist Sünde. Jedoch soll niemand wegen mangelnden Essens zu schwach fürs Gebet werden: Ausnahmen von diesen stren-

In uns lacht Gott: Die Kartäuser strotzen vor Humor, trotz oder gerade wegen ihrer Weltabgeschiedenheit. Pater Georg ist der Novizenmeister von Marienau. Er unterrichtet die jungen Interessenten. Viele kommen, aber nur wenige sind dem strengen Leben gewachsen.

gen Essensregeln gelten daher für Kranke oder körperlich schwer arbeitende Mönche. Eine Erinnerung an den Arbeitsethos des Mittelalters.

Entstanden aus dem Protest

Bruno von Hartefaust, der erste Kartäuser, wurde in Köln geboren; er wurde schon jung Lehrer, später auch Kanzler an der berühmten Kirchenschule von Reims. Zu seinen Schülern zählte neben vielen Erzbischöfen auch der spätere Papst Urban II. Bruno war in der unruhigen Zeit des 11. Jahrhunderts nur einer von zahllosen intellektuellen Romantikern, die von einer besseren, anderen, »alternativen« Lebensweise träumten. Seine Begeisterung hatte sich an noch älteren Vorläufern entzündet, der ersten Mönchskommune um den heiligen Antonius, vor allem aber den ersten christlichen Eremitensiedlungen im vierten Jahrhundert. Mit ihnen entstand das Kloster auf dem heiligen Berg Athos in Griechenland – genannt Laura. Um einen Innenhof gruppierten sich schon dort die Gemeinschaftsräume und rundherum, angelehnt an eine Mauer, die einzelnen Eremitenzellen. Diesem Muster entsprechen die Kartausen noch heute, während im Ursprungsland Palästina die eigentlichen Lauren verstreut um eine zentrale Kirche lagen, die Eremiten gerade noch das Glockenläuten als Signal für das gemeinsame Gebet hören konnten.

Die vagen Ideen Brunos verdichteten sich nach heftigen Problemen mit dem Bischof Manasses von Reims, einem der ausschweifenden mittelalterlichen Kirchenfürsten, die als »Feindbilder« die Klosterbewegung mit auslösten. Brunos Anhänger verstanden ihren Rückzug als bewußten Protest gegen eine verweltlichte Kirche, als

Rückkehr zu den Prinzipien des Urchristentums, zur Apostelkommune um Jesus. Da offensichtlich der Reichtum die Ursache für die Degeneration der Kirche war, setzten die Eremiten auf äußere Armut, verzichteten auf Frau und Kind und verpflichteten sich, das einmal gewählte Leben diszipliniert durchzuhalten – »Gehorsam zu üben«. 1076 mußte Bruno fliehen, der Bischof wollte endlich den unbequemen Kritiker ausschalten. Erst vier Jahre später wird Manasses des Amtes enthoben, Bruno sollte der Nachfolger werden, lehnte aber ab. Er fand den geeigneten Ort für seine Bewegung – mit drei weiteren Mönchen anfangs, versorgt von zwei Laienbrüdern – in der entlegenen, kaum zugänglichen Einöde La Chartreuse in den Kalkalpen der Dauphiné. Der Name wurde zum Synonym des Ordens, Südfrankreich schon früh zum Traumziel der Aussteiger – von den Kartäusern bis zu Longo Mai.

Formal begründet wurde der Orden indes nicht durch Bruno, sondern seinen Nachfolger Guigo, der die Lebensweise, die »Gebräuche« der Chartreuse in seinen »Consuetudines« vorzeichnete und damit »Gesetzgeber« wurde. Diese Statuten gelten im Prinzip bis heute, wenn auch das Zweite Vatikanische Konzil einige Anpassungen erzwang. Heute sind die Kartäuser der einzige mit nahezu allen ursprünglichen mittelalterlichen Eigenarten erhaltene Orden. Mit Stolz reden die Mönche von »ordo non lapsus« von ihrem nie erschütterten Orden. Eine Reform des Ordens war nie nötig, da es nie eine Deformation gab: »non deformata – non reformata«.

So entwickelte sich der eigenwillige Orden nur langsam, die Kartäuser schützten ihre Eigenart mit der Strenge ihrer Regeln. 1160 entstand mit dem Kloster Seiz in der Steiermark der erste Vorposten im deutschen Sprachraum, 1294 folgte La Valsainte im Schweizer Kanton Freiburg – eine heute noch lebendige Kartause. Die eigentliche Blüte brachte die Hoch-Zeit der Mystik im 14./15. Jahrhundert, als andere Orden längst wieder verfielen. Fast ununterbrochen herrschte dann die Verfolgung vor, durch Hussiten und Türken, durch Reformation und Religionskriege. Vierzig Kartausen gingen im 16. Jahrhundert verloren, viele andere wurden zerstört, die Mönche zu Tode gefoltert, da sie ihrem Glauben nicht abschwören wollten. Siebenundsechzig Kartausen fielen der französischen Revolution zum Opfer, viele andere – voran die deutschen – gingen in den Napoleonischen Kriegen und mit der Säkularisation zugrunde. Neu gegründet wurde in Deutschland eine einzige Kartause, Maria Hain bei Düsseldorf, im Jahre 1869. Sie bestand ab 1890 dann fast hundert Jahre ohne Störung, ehe sie vor der Großstadt nach Marienau ins Allgäu wich.

Inzwischen hat sich Pater Georg zu uns gesellt. Er ist von ganz anderem Temperament als der bedächtige Prior. Pausbäckig, überschäumend wie ein kleiner Junge, das lebensfroh rote Gesicht von entwaffnender Offenheit, strahlend vor Humor. »Wir freuen uns über die Suche nach einem anderen Leben. Aber mit uns hat das wenig zu tun. Viele sind schon hier aufgetaucht, wollten uns mal beriechen. Nach ein paar Tagen sind sie alle wieder weg. Sie kommen nicht zurecht mit der Disziplin. Sie wollen ein bißchen werkeln, ein bißchen träumen, aber jede Nacht aufstehen wegen der ewig gleichen Beterei, das geht ihnen schnell auf den Nerv. Das hilft nicht gegen unsere Nachwuchsprobleme«. Ich bin überrascht. Nicht nur die Sprache des Paters verblüfft mich, auch die sympathische Kritik. Das ist kein konservativer, verstockter Kirchenmann. Fast schwingt Stolz mit, wie er mir vorrechnet, daß in den letzten Jahren rund 700 Interessenten hier waren, wovon nur 200 länger als eine Woche und nur sieben darüber hinaus hängenblieben. »Wir müssen nicht auswählen, unser Leben ist die Selektion. Als Einsiedler sind wir auf uns allein gestellt, wir müssen aber auch mit uns auskommen. Wir haben keine Fluchtwege, können uns auf niemand rausreden, an allem sind wir selbst schuld. Daher ist unser Leben für den modernen Menschen unerträglich. Wer ist denn mit sich selbst im reinen, das verkraftet keiner. Und die Meditation macht es noch schlimmer, das ist härter als jede Psychoanalyse.« Der Pater, der in seinem »früheren Leben« als Landpfarrer viele psychisch Kranke betreut hat, weiß, wovon er spricht: »Wir können niemand helfen, der sich nicht selbst geholfen hat, der nicht eins ist mit sich. Wer sich bei uns, wie es modern heißt, selbst finden will, für den kann es die Hölle werden.« Nachdenklich blicke ich den Pater an.

Läuten zum Gebet: Die Novizen sind integriert ins meditative Leben, wechseln sich beim Glockenläuten mit den alten Mönchen ab.

Die Begeisterung des Paters hat den Prior milde gestimmt, er gewährt mir eine besondere Gnade, die Teilnahme an der Konferenz: »Vielleicht verstehen Sie dort besser, worauf wir hinauswollen.«

Die Konferenz ist die Ausbildung für die Novizen. Jede Woche treffen sich die Priester-Anwärter bei Pater Georg, ihrem Novizenmeister. Er führt uns zu seiner Zelle, schließt uns nacheinander die verriegelten Gänge ins Klosterinnerste auf. Unterwegs bewundern wir die Architektur, auch sie ein Modell für den modernen Hang zur neuen Einfachheit, zum biologischen Wohnen in Holz und Naturstein. Reduziert auf strengen Funktionalismus, ohne jeden Zierat – Kunst in schmückender Form wurde schon in den alten Kartäuser-Schriften verworfen. Selbst am Tag jedoch scheinen die Gänge düster, die mystische Atmosphäre stellt sich von selbst ein.

Bis die Novizen kommen, zeigt uns der Pater sein Reich, seine Einsiedelei, für die der Name Zelle eine vornehme Untertreibung ist, die Kartäuser übertreiben es nicht mit der äußeren Armut. Da ist eine »gute Stube«, gleichzeitig Studienraum mit kleiner Privatbücherei und der Betnische neben dem Bett; ein Vorraum, das »Ave Maria«, eine Werkstatt, ein Waschraum. Die Zelle ist gemütlich warm, Holz brennt knackend im Ofen. Das Brennholz sägt jeder Mönch selbst, auch der Prior, obwohl es ihm »unsäglich schwer« fällt. Abgesehen vom Holzsägen beschränkt sich die körperliche Arbeit der Priestermönche auf die Zelle, der kleine Garten davor muß keinen praktischen Nutzen erfüllen. So ist Pater Georg mehr Künstler denn Handwerker. Er schnitzt und brennt hölzerne Votivtafeln und schenkt sie früheren Bekannten. Schon dem heiligen Bruno war klar, daß ein zu strenges Einsiedlerleben, der Verzicht auf jeglichen Komfort und vor allem auf die Mittel zu geistiger und körperlicher Arbeit zum Stumpfsinn führen müssen. »Wir wollen bewußt fürs Gebet leben, nicht passiv dahinvegetieren wie die buddhistischen Mönche, mit denen man uns oft vergleicht«, doziert der Pater. »Buddhisten suchen das Nichts, indem sie ›absterben‹, mit allerlei Übungen der Verblendung ins Ich entkommen wollen. Wir aber liefern uns bewußt Gottes Willen aus, wir leben hier und im Jenseits zugleich.«

Die beiden Novizen kommen – jünger als ich, kahlgeschoren wie Skinheads, lachend.

Die Novizen haben Blumen mitgebracht und postieren sie vor dem kleinen Altar. Blumen aus ihren Gärtchen. Der eine zündet eine Kerze an, dann versinken alle ins Gebet. Zunächst läßt der Pater wiederholen: Sieben Bereiche umfaßt der Weg zum mystischen Zentrum der Kartäuser. Die ersten drei, schon von Ignatius von Loyola beschrieben, bilden die Basis und sind auch anderen Orden geläufig. Die Beziehung zu Gott wird in dieser Zeit persönlicher, Gott wandelt sich »vom Er zum Du«. Im vierten Bereich jedoch erfährt der Mönch eine völlige Umwertung, er ist nur noch Agent Gottes, von dem alles kommt. Dadurch wird die eiserne Disziplin der Kartäuser problemlos.

Sie leben schon im Paradies

»Im fünften Bereich« nimmt jetzt der andere Novize, dessen Gesicht neben Begeisterung auch deutlich Mißtrauen wegen meiner Anwesenheit spiegelt, den Faden wieder auf, »wird einem alles genommen«. Die letzte Krise offenbar: Die Befriedigung am Gebet fehlt. Lustlosigkeit macht sich breit, eine Magenverstimmung schon kann genügen zur Resignation. »Es ist wie eine Embryo-Situation. Warten auf den Durchbruch.« Der gelingt im sechsten Bereich: »Das ist der Witz, man liegt völlig richtig und weiß es plötzlich genau. Diese unmögliche Situation – in der Krankheiten und Tod ihren Schrecken verlieren – wird bewußt. Wer das je erlebt, muß einfach Kartäuser werden.«

»Dieses mystische Begreifen kann man nicht vermitteln«, fährt er fort, »und darum versuchen wir es gar nicht erst in der Welt. Das muß man erleben, die Initialzündung muß aus einem selbst kommen, die Konferenz hier ist nichts als eine formale Hilfe.« ... »Jeder Mensch wäre längst ein Kartäuser, hätte er unsere Einsicht.« Die Runde lacht wieder schallend, als wollte sie sich selbst auf den Arm nehmen. Ihr

Voller Hingabe: Oft versinken Kartäuser mitten in einer anderen Beschäftigung in die Prostratia, die mystische Ekstase.

Humor scheint unerschöpflich. Freut sie der eigene Durchblick oder belustigt sie die Blindheit der anderen?

Die heutige Sitzung nimmt sich den sechsten Bereich vor. Nacheinander lesen wir laut Bibelstellen und versuchen, sie zu interpretieren, stets korrigiert von Pater Georg. Ich habe Glück, mein Text ist eindeutig, und ich habe abgehört von den anderen. Von der siebten und letzten Stufe der Erleuchtung erfahre ich heute nichts, aber der Satz eines anderen Mönches der Marienau charakterisiert sie treffend: »Nichts mehr wollen, nichts mehr wissen, nichts mehr besitzen, außer Gott.« Pater Georg ergänzt: »Es ist der totale Tod des Ichs, im Kartäuser lebt sich Gott aus, wir sind ja hier, weil wir einen Schatz – eine verlorene Perle wie im Gleichnis – gefunden haben. Jetzt graben wir weiter und wollen eifersüchtig für uns bleiben, uns den Schatz nicht mehr rauben lassen.«

Das ist also das Geheimnis der Kartäuser: Sie leben im Paradies. Tun sie es wirklich oder glauben sie's nur? Sie glauben, also sind sie – frei nach Descartes. Und so paradiesisch gebettet, spüren sie offensichtlich nichts vom Masochismus, den andere in ihr Leben hineininterpretieren wollen. »Die Menschen draußen gleichen Wesen aus der zweiten Dimension. Sie können die dritte nicht denken, und daher glauben sie nicht daran. So geht es den Leuten mit uns. Was sollen wir da erklären? Jeder Schritt in unsere Dimension ist wie extremes Bergsteigen, und die meisten scheitern vor dem Gipfel.« So sind denn von den anfangs sieben Novizen nur mehr zwei übrig: Einer, ein hochgebildeter Bursche, sei eben erst abgesprungen. »Er wollte Geschäfte mit Gott machen. Er dachte, wenn gerade er sich so sehr auf ihn einläßt, daß dann umgehend Bares zurückkommen müsse.« Als der Lohn ausblieb, verließ er die Kartäuser enttäuscht.

Ich frage, was die beiden Novizen hierhergelockt hat? Beide haben studiert, beide sind hellwach, argumentieren bei aller schon zu spürenden Mystik intelligent und beredt, ohne Kutten könnte ich sie mir in jedem Seminar für Nachwuchsmanager vorstellen. Warum sind sie ausgestiegen? »Berufung«, versetzt der eine lapidar, »plötzlich habe ich mit Paulus begriffen, daß Glück, Erfolg, Karriere ›alles Kehricht‹ ist, den man besser links liegen läßt.« Der andere: »Ich gebe zu, daß ich was Extremes gesucht habe. Da stieß ich auf einen Artikel über Kartäuser und war sofort gefesselt. Ich fand das sehr romantisch, nachts aufstehen, als Eremit leben, das schien mir eine Sensation. Es waren also eher äußere Gründe, und so nagte ich anfangs schwer an meinem Praxisschock. Doch jetzt ist die Romantik überwunden.« Oder gefunden? Und was hat Pater Georg zum Kartäuser gemacht? »Das ist schnell erzählt. Ich war ja bereits Pfarrer, aber dachte immer, du mußt radikaler werden, etwas Radikales tun. Aber was? Bis ich auf die Kartäuser stieß. Oh, meine Gemeinde war nicht begeistert, die haben sogar Petitionen an den Bischof gesandt, weil sie dachten, ich würde strafversetzt, müßte ins Kloster, weil ich etwas angestellt hätte.«

Und keine Gewissensbisse bei dieser Flucht aus der Verantwortung? Der Pater antwortet wieder mit der Bibel, erinnert mich an längst vergessene Episoden: »Jesus war mal bei der Familie seines Freundes Lazarus. Dessen eine Schwester Martha kümmerte sich geschäftig um den Gast, während Maria, die andere, Jesus nur zu Füßen saß und lauschte, gar nichts tat. Als Martha sie deswegen beschimpft, nimmt Jesus die ›faule‹ Maria in Schutz: Sie habe den besseren Teil erwählt. Und sehen Sie, so ist es mit den Kartäusern. Wir tun nichts von dem, was in der Welt etwas gilt. Wir lauschen nur auf Gott und glauben, gut gewählt zu haben.« Das klingt nach dem »Lob der Faulenzerei« von Bertrand Russell. Wie die Stille, so ist mit ihr das meditative Nichtstun verdrängt worden in unserer geschäftig aufgeklärten oder besser: aufgeklärt geschäftigen Welt. Der Müßiggang in der Freizeitgesellschaft ist dagegen nur eine Farce.

Freilich läuft nicht alles so glatt wie Georgs Worte vermuten lassen. Denn jetzt erzählt der Vierte im Bunde, ein Pater, der freiwillig die Ausbildung wiederholt. Er kam nach langen Hippiejahren ins Kloster, fand seinen Frieden dort aber nur kurz. Jahrelang warf ihn eine Geisteskrankheit aus der Bahn. Er fühlte sich verdammt, vom

Nächtlicher Höhepunkt: Kurz nach Mitternacht treffen sich die Kartäuser in der Klosterkirche zum »täglichen« gemeinsamen Gebet. Jede Nacht aufstehen und den Schlaf unterbrechen, diese unerbittliche Disziplin prägt die Schweigemönche. Das Gebet und der gregorianische Gesang trägt sie weg in andere Welten.

Teufel besessen, den er statt Gott plötzlich leibhaftig in der Zelle wähnte und nicht wieder losbrachte. Da fruchtete kein Beten mehr, und in der weltlichen Heilanstalt half auch kein Mittel. »Dein Vogel ist so groß, daß er in keinen Käfig paßt«, so resignierte der Therapeut. Verzweifelt kehrte der Mönch ins Kloster zurück, seine Siebensachen zu holen. Doch der Prior ließ ihn nicht ziehen: »Identifiziere dich mit deiner Krankheit. Das Böse verschwindet, wenn man nicht in Zwietracht damit liegt.« Nach einigen Wochen ohne Verdrängung, ohne Abwehr verbesserte sich sein Zustand. »Es ist wie mit den meisten Kranken«, philosophiert Georg, »sie hassen sich selbst, wenn sie krank sind, sie wollen jedes Leiden ängstlich verdrängen, statt es optimistisch anzunehmen. Wer mit seiner Krankheit eins ist, ist auf dem Weg zur Heilung.« Pater Georg blickt auf den Wecker: »Mein Gott, meine Kinder, es ist höchste Zeit.« Mittag, die nächste Gebetsstunde ruft. Wir eilen hinaus, ich kann gerade noch die in Georgs Regal ausgesuchten schweren Bände mit Quellen zum Kartäuserleben unter den Arm klemmen.

Zuhause bin ich ganz erschlagen von soviel Überzeugung. Das übertrifft noch die blindgläubigsten Marxisten, überlege ich, die dikken Statutenbände durchblätternd. Gottseidank stoße ich da bald auf einen Hinweis, daß auch Kartäuser nur Menschen sind, keine absolut fleischlosen Heiligen. Die Sünde ist auch unter ihnen, sonst müßten sie sich nicht so gut überwachen: Sie betreiben bis heute eine seltsame Art von Überwachung. Nach dem Motto »Vertrauen ist gut, Kontrolle ist besser« werden die Klöster seit dem 13. Jahrhundert alle zwei Jahre visitiert, auf der Suche nach Mißständen. Die Protokolle dieser Visitation müssen, der Regel gemäß, vernichtet werden und galten als verloren. In den letzten Jahren jedoch tauchten etliche davon auf, so im Archiv des Klosters Ottobeuren gleich 133 Urkunden aus der Zeit von 1523 bis 1720.

Wie die Protokolle zeigen, lief die Visitation mit geradezu kriminalistischer Raffinesse ab. Alle Mönche wurden zunächst einzeln verhört. Nichts durfte verschwiegen werden, und die Denunziation anderer Mönche war ausdrücklich gefordert. Später wurde in der Vollversammlung jeder Mönch mit den gegen ihn erhobenen Vorwürfen konfrontiert, ohne daß er wußte, aus welcher Ecke sie stammten. Die »Vergehen« sind freilich für Außenstehende kaum der Rede wert, Extremfälle wie »schwarze Messen« waren rar. Meist ging es um Mäkelei beim Essen, Vernachlässigung der Zelle, der Bibliothek oder der Urkunden. Haben Mönche Eigentum? Halten sie sich an das Schweigegebot, leben sie enthaltsam und gehorsam, beten und arbeiten sie genug, wird für die Kranken gesorgt? – so wird gefragt. Natürlich war dieses »institutionalisierte Mißtrauen«, wie es der Historiker Heinrich Rüthing nennt, ein zweischneidiges Schwert, konnte mehr Unfrieden schaffen als wirkliche Mißstände. Und so blieben die Strafen eher symbolisch, allenfalls mußte ein Mönch das Kloster wechseln.

Ihr täglich Brot backen sie selbst: Die Kartäuser sind fast autark, versorgen sich selbst mit den Früchten ihres Gartens – dank des Geschicks der Brudermönche.

Zumal im Auge des andern steckt das Übel: Das kann »neugierig, argwöhnisch, finster, gar streitsüchtig« blicken und so bei der gemeinsamen Liturgie die Meditation stören. Offenbar ist dieser seltene Treff als emotionale Erholung besonders anfällig, denn »Zuspätkommen, Zufrühgehen, schleppender oder eiliger Gang, falsche Bewegungen«, ja schon »unziemliches Schneuzen« erwecken Mißmut, stören den Frieden und werden denunziert. Gruppendynamik im Einsiedlerkloster. Auch alle informellen Beziehungen sind tadelnswert. Freundschaft ist Gift für schweigende Eremiten, unumgängliche Gespräche sollen lateinisch geführt werden, der Kontakt zur Umwelt muß abreißen, so schreiben die Statuten unerbittlich vor. Dazu kommt das sonntägliche Schuldkapitel, die regelmäßige offene Beichte. Rüthing zieht aus seiner Analyse der Protokolle ein deutliches Fazit, eine Erklärung für die auffallende Stabilität des Ordens: Die Kartäuser verstehen sich offensiv als Elite, und Elite muß diszipliniert werden. Ihre Gemeinschaft ist hoch organisiert, mit einem System kodifizierter Normen für fast alle Lebensbereiche, ein System, das permanent und streng kontrolliert wird. Abgesehen von der Scheidung in Priester- und Brudermönche ist die Gemeinschaft sehr homogen, läßt keinen Platz für Differenzierungstendenzen. Selbst das Amt des Priors gilt mehr als Last denn als Privileg; die Kartäuser sind der Orden mit der strengsten Außendistanz, verpflichtet zur Geheimhaltung aller Interna. Die Freiheit, die sie meinen, verdanken sie schonungsloser Selbstkritik und ständiger Selbstkontrolle.

Da für die Kartäuser Namen fast stets Schall und Rauch waren, öffentliche Auftritte verpönt blieben, gingen nur wenige unter ihnen in

Auch beim Essen wird geschwiegen, allenfalls einer Lesung zugehört. Die Kartäuser sind Vegetarier und deshalb so gesund. Gegessen wird mit dem Holzlöffel.

die Annalen ein. Mancher jedoch, wie Dionysius, der Kartäuser, wurde nicht nur zum großen Prediger des Mittelalters, sondern auch zum Berater der Herrscher. Dionysius war der perfekte Typus des religiösen Enthusiasten im ausgehenden Mittelalter. Er vereinigte Ekstase, Askese, Visionen des Geistersehers mit ausschweifender theologischer Schriftstellerei. Nie gönnte er sich Ruhe, selbst beim An- und Auskleiden betete er unverwandt. »Ich habe einen eisernen Kopf und einen kupfernen Magen«, sagte er von sich selbst und aß – um sich zu kasteien – verdorbene Speisen. Ständig verkehrte der Visionär mit Verstorbenen, schämte sich aber seiner Ekstasen in der Öffentlichkeit. Musik mied der mal höhnisch, mal bewundernd »Doctor ecstaticus« getaufte Kartäuser wie der Teufel das Weihwasser.

Nur die innere Ekstase gilt, inneres Schweigen statt äußerlichem Lärm. Pater Georg hatte es mir so beredt als wahre Untiefe dargestellt. Das Mundwerk abzustellen, still zu sein, das sei einfach, aber dann auch die innere Stimme anzuhalten, sei weit schwieriger.

In der Natur spiegelt sich Gott

Das Schlitzohr läßt sich nicht verleugnen: Selbst in der Kutte und mit kahlem Kopf verrät sich Bruder Klaus durch sein breites Lachen, und im Gespräch nimmt er erst recht kein Blatt vor den Mund. Klaus freut sich, heute hat er uns allein, darf uns in Dispens Kloster und Garten zeigen. Gleich gerät er ins Schwärmen: »Na, was sagen Sie zu unserer Architektur. Fachwerk, Holz, Natur. Einfach, aber schön. Ja, wir hatten einen guten Baumeister.« Woher kam denn das viele Geld, will ich wissen, hat sich Fürst Zeil, der Waldbesitzer und nahe Schloßherr, als Stifter verdingt, will er sich in mittelalterlicher Tradition einen Ablaß erkaufen? »Nein, nein, wir haben alles bar bezahlt, wir wollten keine Abhängigkeit.« Ist der Orden so reich? »Tja, wir hatten Glück«, der Bruder sprudelt es frei heraus: »Unser altes Kloster Maria Hain bei Düsseldorf war ja als Bauland verplant, für den Flughafen, da haben wir nicht schlecht kassiert.« Schon Jahre zuvor waren Späher unterwegs, wieder eine rechte Einöde zu finden. Sie fanden den Talacker, einen abgelegenen Hof, und machten daraus Marienau. Mit der Meditation war es ein Kreuz neben dem Flughafen einer Großstadt. Und die Abneigung gegen Lärm am Himmel ist Bruder Klaus geblieben, später im Garten fuchtelt er wutentbrannt gegen eine tieffliegende Phantom an: »Da, die gehören weg, dann wäre Ruhe. Und was meinen Sie, wie die die Natur zerstören. Schauen Sie nur, was da hinten rauskommt. Da redet niemand darüber.« Schade denke ich mir dabei, warum marschieren diese Mönche nicht in der ersten Reihe der Friedensbewegung. Als »Agenten Gottes«, wie Georg es nennt, dürfen sie sich jedoch nicht einmischen.

Im Refektorium. Verschmitzt holt Bruder Klaus seinen Holzlöffel unter dem weißen Tischtuch hervor, wischt ihn zweimal an der Kutte ab: »Gespült wird der praktisch nie, nur ab und zu abgeschrubbt. Wir halten es wie die alten Bauern: Von den eigenen Bakterien kann man nicht krank werden. Aber die Spülmittel, das ist doch alles Chemie, was denken Sie, was sich da im Magen abspielt.« Ich staune immer öfter: Ein Kloster auf alternativ trimmen, damit das Thema aktuell wird? Dies Kloster ist bereits alternativ genug. Alles scheint ganz einfach hier. Liegt das am rechten Glauben, auf den wir uns nie einigen konnten, oder nur an den – nicht vorhandenen – Frauen? Fürchten die Mönche mögliches Gerede? »Aber nein«, Bruder Klaus lächelt mitleidig, solche Anfechtungen wüßte er wohl zu bestehen. Der Grund ist ein anderer: »Da wär es doch endgültig aus mit der Ruhe.« Nun vergesse ich den klösterlichen Frieden und lache lauthals los – frei wie ein Mönch.

Die Brüder leben praktisch getrennt in ihrem eigenen, dem »kleinen Kloster«, das mit Holzbrücken an den großen Bau angegliedert ist. Sie haben nur einfache Zimmer und sind viel seltener in ihrer Zelle. Tagsüber arbeiten sie in den verschiedenen Werkstätten, die das Kloster fast autark machen: Küche, Bäckerei, Wäscherei, Schnei-

derei, Schlosserei, Schmiede und Schreinerei. Jesus von Nazareth ist daher ihr Vorbild – als Zimmermanns-Sohn. Die Brüder sind praktisch allesamt gelernte Handwerker, machen die Kartause zu einem Speicher praktischer Fertigkeiten, die jedes Problem lösen. Sind die Patres der Kopf, so die Brüder der Bauch, das wirtschaftliche Rückgrat des Klosters. Auch bei der Arbeit bewundern wir ihre innere Ruhe – bloß keine Hektik aufkommen lassen, sonst fehlt dem Produkt die Qualität. Maschinenstürmer sind die Mönche nicht, aber der Einsatz der Technik richtet sich nach der Freude an der Arbeit, nicht nach der Ökonomie. Und nach dem Lärm: Kreischende Kreissägen sind hier unvorstellbar, also bleibt es meist beim gesünderen Sägen von Hand. Körperliche Arbeit übt Demut ein, macht den Geist frei zur Meditation. Ich muß an Pasolini denken, seine Liebe zur alten bäuerlichen Kultur: »Diese Menschen lebten das Zeitalter des Brots. Sie waren Konsumenten von unbedingt notwendigen Gütern. Das war es vielleicht, was ihr armes und prekäres Leben so notwendig machte. Es ist klar, daß überflüssige Güter das Leben überflüssig machen, um das ganz elementar zu sagen.« Der linke Ketzer, der Regisseur, dessen Filme von der Kirche verdammt wurden, spricht damit fast ein Credo für die bewußte Armut der Kartäuser. Das ist es, was ihre Gemeinschaft funktionieren läßt – nicht die »verdrängte« Frauenfrage: Notwendiges

Eine ausgedehnte Wanderung führt die Kartäuser einmal in der Woche aus den Klostermauern hinaus. Bei dem Streifzug durch die Natur, der die ständige Meditation bewußt unterbrechen soll, darf auch gesprochen werden. Ansonsten gilt strenges Stillschweigen.

Leben hat seine eigene Kultur, kämpft nur mit notwendigen Problemen. Aus der Gesellschaft im Überfluß entstehen nur schwerlich notwendige Alternativen.

Bruder Karl ist die zentrale Erscheinung im Handwerkerkollektiv, Maurer, Kellermeister, Schlosser und Schmied. Der gebürtige Oberschwabe hat seine Heimat nach Jahrzehnten wiedergefunden, ist seit dreißig Jahren begeistert im Orden und zog mit von Düsseldorf nach Marienau. Früher war er Lehrer im Libanon, dann Missionar in Afrika, nach Krieg und Gefangenschaft trieb es ihn in die Kartause. So international wie sein Lebenslauf, so bunt ist auch die Herkunft der Mönche: Die vierzehn Patres und siebzehn Brüder stammen aus aller Herren Länder – Österreich, Schweiz, Polen, Niederlande, Ungarn, CSSR, Frankreich und der Bundesrepublik.

Schließlich landen wir an diesem herrlichen Sommertag im Garten, dem lebendigsten Teil dieses stillen Refugiums. Für diese praktisch vegetarische Gemeinschaft ist der Garten das Herzstück der Versorgung. Neben dem Treibhaus, in dem jetzt im Sommer nur Tomaten und Paprika reifen, schläft der dem Talacker benachbarte ehemalige Veserhof wie im Märchen vor sich hin. Die Bauernfamilie ist ausgezogen, erhielt im Tausch einen anderen Hof, den Mönchen dienen die Gebäude nur noch als Lager für Geräte und Erntegut. Wilder Wein und Hopfen überwuchern die alten Mauern, ein Idyll, wie von Christian Wagner ersonnen. Und der schwäbische Bauern-Poet taucht plötzlich fast leibhaftig auf: Bruder Antonius, der Herr über alles, was hier grünt, blüht und reift. Ein Muster eines wackeren Schwaben, der zackige Ton verrät noch den ehemaligen Braumeister und Wirt. Nach einem Religionskurs 1974 tauschte er den Schanktisch mit der Gärtnerhacke. Zum schwäbisch sprudelnden Dialekt paßt die schmale Figur in der blauen Gärtnerkutte, allein die von Arbeit gezeichneten braunen Hände weisen auf seine irdische Berufung hin. Sein Lehrherr war Bruder Marianus, der jetzt in einer neuen Kartause in Brasilien schwäbische Gärtnertugend vermittelt. Der hatte nicht nur die uralte, in allen klimatischen Bedingungen Europas erprobte Gartenbautradition der Kartäuser mit Zähigkeit auch in den schweren Allgäuer Lehmboden hineingegraben, sondern sie auch pragmatisch mit neuer biologischer Mode verbunden. Kunstdünger und chemische Spritzmittel sind seit jeher verpönt im Kloster. Antonius zeigt uns voller Stolz seine Kulturen, das ausgeklügelte Anbausystem: »Ich muß mich nach Hunger und Geschmack meiner Männer hier richten. Wir verkaufen nichts, alles wird aufgegessen. Und bei aller einfachen Küche muß man doch Gemüse, Salat und Obst vielfältig auf den Tisch bringen. Aber so langsam kenne ich alle Vorlieben.« Scheinbar nicht ganz, denn im gleichen Moment meckert Bruder Klaus am Chinakohlbeet herum: »Warum gibts denn da nicht mehr heuer?«

Der Garten ist ein Kompromiß aus ertragssteigernder Misch-

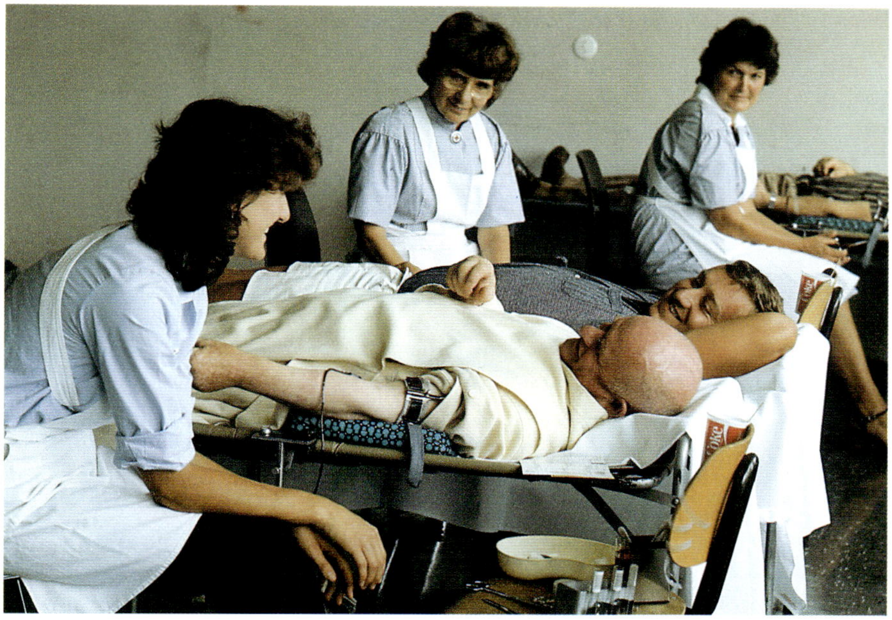

Gottes Blut fließt für die Menschen: Regelmäßig spenden die Kartäuser Blut, ansonsten wollen sie allein durch ihr Gebet wirken. Nur bei der Blutspende treffen die Mönche auch mal mit Frauen zusammen – und scherzen ganz gelöst mit ihnen.

kultur und arbeitserleichternden größeren Beeten einer Frucht. »Schauen Sie sich den Boden an«, triumphiert Antonius, »seit einer Woche kein Regen, aber wir müssen nicht bewässern.« Mit seinen Fingern gräbt er tief in die Krume, riecht genießerisch daran und zeigt uns den nassen Fleck. »Man muß sich den eigenen Humus zaubern, das klappt auch auf Lehm. So ein Boden hält das Wasser, da geht nichts kaputt.« Tatsächlich läuft mir das Wasser im Mund zusammen angesichts der Kohlrabi und Kohlköpfe, der Mangoldstauden und Salatköpfe, der Rüben und Beeren … »Nichts ist angefressen, man darf nur nicht anfangen mit dem Gift, dann hilft sich die Natur von selbst, früher hat man es doch auch nicht gebraucht. Und, schmecken Sie mal«, eifert er weiter, während er uns knackige Tomaten in den Mund schiebt, »so schmecken sie nur biologisch. Die Monokultur, die riesigen Felder ohne Hecken, wo kein Vogel mehr leben und die Schädlinge klein halten kann, das ist der Tod der Landwirtschaft.«

»Kartäuser müssen ja ungeheuer gesund sein«, denke ich laut nach, »keine Hektik, mäßig essen, vegetarisch, Gemüse, Obst und Kartoffeln in Hülle, regelmäßig fasten, nur zwei Mahlzeiten am Tag und dann noch alles biologisch.«

»Klar«, versetzt Bruder Antonius, von meinem leisen Spott ungerührt, »da müssen sie nur die Totenscheine studieren. Bei uns stirbt doch kaum einer, bevor er achtzig geworden ist.«

Im Gästezimmer verabschiedet uns Bruder Klaus mit einem eher geistigen Produkt: »Ein Teufelstropfen«, beinahe wäre es mir rausgerutscht nach dem ersten Schluck. Chartreux kriegen wir kredenzt, ein vor allem in Frankreich berühmter Likör, der den selbst so mäßig trinkenden Mönchen reichlich Geld einbringt. Fünfundfünfzig

Prozent Alkohol enthält der süffige Saft, den Bruder Klaus aus dem scharfen grünen und dem mit Honig gesüßten, milderen gelben Chartreux gemixt hat. Das uralte Geheimrezept stammt aus der Alchemistenküche und ist aus nicht weniger als 130 Heilkräutern komponiert. So nutzen die Mönche ihren Chartreux denn auch mehr als Heilmittel, während die florierende Schnapsfabrik in Voiron, nahe der französischen Urkartause, kaum mit den Lieferungen für die Anhänger in aller Welt nachkommt. Noch heute kennen jeweils nur drei Mönche das Rezept und überwachen die Herstellung, das hemmt die industrielle Produktion. Für den Hausgebrauch halten sich die Mönche in Marienau mehr an Bodenständiges: selbstgepreßten Most, den uns Bruder Klaus nach dem Chartreux einschenkt. »Schnaps allein ist nicht gut«, meint er und grinst wieder verschmitzt über beide Ohren.

Während wir das Gästezimmer verlassen, huscht Pater Georg vorüber, einen großen Blumentopf in der Hand. Seine Familie ist auf Besuch, wartet draußen im Garten beim Kuchen. Einmal im Jahr darf sie kommen – für zwei Tage, An- und Abfahrtstag nicht gerechnet. »Das biegen wir großzügig hin«, sagt Bruder Klaus, »man darf nichts zu eng sehen.«

Wir lassen uns davontragen

Es ist drei Minuten vor Mitternacht, als wir wenige Wochen später Marienau wieder besuchen. Instinktiv dämpfen wir unsere Schritte im Kies, als wollten wir niemanden im Kloster wecken. Dabei sind die Mönche längst vom Strohsack hoch, rüsten sich in den Zellen für den Höhepunkt ihres Vierundzwanzig-Stunden-Tages. Ihnen können wir den Schlaf nicht rauben.

Grell fällt das Licht aus der Pforte. Ein winziger Fleck in der drohend großen, schwarzen Mauer. Im Schein steht Bruder Klaus, fröhlich lachend. »Noch nicht müde? Hoffentlich halten Sie auch durch. Kommen Sie, Pater Georg wird Ihnen eine Einführung geben.« Der Pater geleitet uns auf die Gäste-Empore. Nur von hier dürfen gelegentlich Besucher das nächtliche Schauspiel miterleben. Aufgeschlagen liegen riesige Folianten auf der Brüstung, darin können wir den Text der folgenden zwei Stunden Gebet verfolgen – soweit meine paar Brocken Latein hinreichen. Schon huscht der Pater wieder hinaus, er muß sich sputen, wer zu spät kommt, wird gerügt. »Versuchen Sie zu meditieren, lassen Sie sich vom Gesang wegtragen, Sie werden sich wundern, wie schnell die Zeit vergeht – im Flug.«

Können Mönche fliegen? Meditation, Grenzerfahrung, da hatten wir uns beim gleichen Interesse getroffen. Kartäuser sind »Narren«, beanspruchen wie ihre höfischen Vorfahren einen Freiraum, warten auf mit Weisheit und Witz, sagen im Schweigen, was der Zeit fehlt. Narren, die sich nicht anpassen, einfach anders bleiben, Quer-

Und Staub sollst du werden: Die Kartäuser beerdigen sich ohne Sarg und ohne jeden Schmuck – ein schlichtes Holzkreuz ist das einzige Zeichen des Grabes. Ein Kreuz ohne Namen, Kartäuser wollen anonym sein und bleiben.

köpfe, das eben fasziniert mich. »Für die meisten Leute ist es unverständlich, daß wir jede Nacht aufstehen und beten, sie sehen nur eine Plage darin. Für uns jedoch ist es die wahre Freude, je länger es dauert.« Da dämpft der Prior wieder mal Georgs Euphorie: »Manchmal ist es schon ein herber Kampf gegen die Müdigkeit.«

Ein Glockenzeichen. Nacheinander betreten die Mönche die Kirche, einer läutet die Glocke, langsam verteilen sich die Patres auf ihre Plätze. Unter uns rumort es ebenfalls, die Brüder kommen durch den Hintereingang, die Trennung zwischen Studierten und Laien ist nicht ganz aufgehoben. An beiden Wänden reihen sich die hölzernen Betnischen, trennen die Eremiten noch im Gebet voneinander, kein Wort wird untereinander gewechselt. Es ist wie eine Entäußerung der Gemeinschaft, im Gesang nur verbinden sich die Stimmen.

Inzwischen sind alle da, nur das ewige Licht leuchtet ihnen aus einer Ecke der Kirche. Stille. Sammlung zum Gebet. Schweres Atmen, Knarren der Holzbänke, ein Schneuzer, ohne dieses Zeichen könnte man glauben, alles sei eingeschlafen. Dann hebt eine Stimme an, die anderen fallen ein, im Wechselspiel wird einzeln und gemeinsam gebetet und gesungen. Ich liege auf einem metergroßen Folianten, stütze mich auf das Buch, fast ein symbolischer Akt, um über die Brüstung auch die Brüder beobachten zu können. Sie singen nicht mit im Latein, beten still für sich. Gottseidank habe ich mir Skiunterwäsche und eine Weste aus Schafwolle angezogen, es ist bitter kalt. Doch so scheint mir die Luft noch klarer, besser zu schwingen im monotonen Rhythmus dieses seltsamen Männerchors. Schöne Stimmen sind darunter, die uralten gregorianischen Texte und Melodien scheinen herüberzuwehen aus einer anderen Welt. Eine atmosphärische Musik von eigenartigem Reiz.

Sich wegtragen lassen. Ich versuche zu meditieren, tiefer einzutauchen in das mystische Schauspiel. Welch Gedanke, daß vor 900 Jahren dieselben Gesänge dumpf an die Holzwände der ersten Kartause in Frankreich hallten. Keine Orgel begleitet den Chor, der mit seinen alten Männerstimmen und den im Halbdunkel sich abzeichnenden Kutten etwas von den Don-Kosaken hat. Es gibt keine Predigt – für wen auch.

»Der Gesang ist nur das Medium, das hörbare Gebet nur äußeres Zeichen für unsere Begegnung mit Gott. Wir singen, um die richtige Wellenlänge zu finden, um abzuheben von der Welt, wenn Sie so wollen.«

Und sie fliegen doch. Pater Georg hatte gar nicht versucht, sich herauszuwinden, als ich ihn nach der legendenumwobenen Lust der Kartäuser am Gebet fragte: »Wir leben nur für das Gebet, da sind wir eins mit Gott, wir sind sein Gefäß auf Erden. Da trennt sich die Seele tatsächlich von unserem Körper und fliegt hinüber ins Jenseits. Also ist es kein Frevel, von einer Art Rausch zu sprechen. Das ist heute aus anderen Bereichen ebenso bekannt, und die Wirkungen der Meditation werden ja inzwischen wissenschaftlich erforscht.« Pater Georg lächelt mich fast übermütig an: »Wir waren eben nur ein bißchen früher da, und wir brauchen die Wissenschaft nicht mehr. Sehen Sie mal die moderne Musiktherapie, die heute bei psychischen Leiden, bei Depressionen, eingesetzt wird – das betreiben wir seit 900 Jahren, und sehen wir vielleicht traurig aus?« Wieder muß ihn der Prior bremsen, und der Pater gesteht, daß es schon seine Zeit gedauert habe, ehe er erstmals »high« – er benützt das Wort tatsächlich – gewesen sei: »Oh je, habe ich gedacht, da bete ich und bete, konzentriere mich, so gut es nur geht, und nichts passiert. Mein ganzes früheres Leben ist an mir vorbeigeflogen, alles kam hoch. Schuldgefühle, unbewältigte Probleme, ich mußte alles abarbeiten, Stück für Stück, bevor ich endlich frei wurde – empfänglich. Sehen Sie, das ist ja auch eine philosophische Frage. Wir Europäer wollen alles aktiv erreichen, wir stellen uns eine Aufgabe und rennen drauf los – voller Ungeduld. Erst mit dem Studium der alten Kartäuser-Schriften bin ich weiser geworden, habe begriffen, was es heißt, in der Wüste zu leben. Das orientalische Leben war ja weit passiver, also mußte ich mich zäh umstellen, das innere Feuer zur Glut werden lassen, mein altes Leben wie eine lästige Haut, endlich erledigt, abschütteln. Dann habe ich nachts einfach gesungen, auf nichts mehr gewartet.« Die Stimme des Paters wird jetzt noch euphorischer: »Und da war er plötzlich da, neben mir, hat mit mir gesprochen. Also, für mich war er da«, setzt er hinzu, als hätte er meine Skepsis im Gesicht gelesen.

Ihre Mystik steht für die Kartäuser auch streng theologisch an erster Stelle, führt weit hinaus über die nur scholastische, am Buchstaben der Bibel orientierte, aber auch über die kritisch-wissenschaftliche Theologie. Sie baut nur darauf auf: Ohne wissenschaftliche Bildung, ohne klare Ratio wird es nichts mit dem emotionalen Begreifen Gottes, der »Theologie des Affekts«. Über die Liebe zur Wissenschaft zur Weisheit. Nur wer den Text der Bibel ganz begreift, wird auch die Wahrheiten zwischen den Zeilen spüren und dank persönlicher Erfahrungen vielleicht zu einem existentiellen Wissen durchstoßen, für das die konventionellen Kriterien von Wahrheit jede Gültigkeit verlieren.

Draußen vor der Tür: Auch bei den wenigen erlaubten Besuchen werden nur Männer eingelassen, die Frauen müssen vor dem Kloster warten.

Kaum dringt man in die so sperrige, vor abschreckenden religiösen Begriffen nur so wimmelnde Kartäuser-Literatur ein, schon geht einem auf, woher die Berührungsangst der Schweigemönche rührt: Sie wollen nicht nur in Ruhe beten, in den Jahrhunderten der Aufklärung haben sie den Glauben an einen Dialog mit der Außenwelt wohl endgültig verloren. Sie sind nicht wissenschaftsfeindlich, aber sie relativieren ganz unbescheiden den Wahrheitsanspruch von Wissenschaft, erniedrigen sie zur Funktion einer Hilfsgröße für den Erkenntnissuchenden. Das erinnert an ganz und gar unchristliche Wahlverwandte, an Schamanen und indianische Weise, Geistseher in allen Kulturen, an jene Grenze »zwischen Wildnis und Zivilisation«, die Hans-Peter Duerr in seiner »Traumzeit« so faszinierend beschrieben hat. Die Kartäuser sind ihm dabei nicht aufgefallen, er hätte nicht zu Indianern und Eskimos, nach Afrika und in den Himalaya ausschweifen müssen. Die Mystik liegt vor unserer eigenen Haustür, wenn auch in seltenen ökologischen Nischen. Einsamkeit und Schweigen, die verdrängten Momente unseres Lebens, sind für die Mönche eine einfache Übung. Was uns Angst macht, gibt ihnen Sicherheit, wird ganz anders erlebt. Nach Jahren betender Konzentration, tiefer Meditation, sehen sie »Gott« ständig neben sich, wer wollte da einsam sein. Es ist nichts mit dem Klischee von »freiwilliger Einzelhaft und lebenslanger Sprachlosigkeit«:

»Der Witz ist doch«, verblüffte mich Pater Georg einmal mehr, »daß die sogenannten normalen Menschen ihr Leben ertragen müssen. Das frage ich mich immer wieder: Ein Leben ohne echte Befriedigung muß doch furchtbar sein.«

Die Ekstase der Mystik: Beten will gelernt sein

Beten. Kaum ein anderes Wort der religiösen Tradition bringt »moderne« Menschen mehr in Verwirrung. Aber die spontane Reaktion, die unbewußte Beschwörung Gottes, zeigen, daß bei vielen die Beziehung zum Gebet noch immer vorhanden ist.

Meditieren ist modern geworden, Beten scheint ein Anachronismus. Vielleicht stellt man sich alte Frauen in einer dunklen Kirche vor, die vor sich hinmurmeln, aber sich selbst im Gebet? Mancher meldet sich zum Meditationskurs an, aber welche Zumutung erwartet ihn da – er soll beten! Was wir vergessen haben: Meditation ist eine Spielart des Gebetes, manchmal eine sinnvolle Vorbereitung, manchmal dasselbe, manchmal ein Resultat.

Nicht nur in der Tradition der europäischen Mystik, die wir mit den Kartäusern wieder entdecken, sind Gebet, Kontemplation, Betrachtung, Andacht und eben Meditation nur verschiedene Aspekte einer geistigen Haltung, auch in den buddhistischen und hinduistischen Religionen ist das kaum anders. Erst als sich die Gurus des Fernen Ostens auf ihren Kreuzzug in den weltlich versumpften Westen machten, trennten sich die Begriffe. In den sechziger Jahren hatten die *Beatles* eine Musik geschaffen, die eine ganze Generation Jugendlicher in Leidenschaft versetzte, sie »andächtig« machte, ja sie manchmal in eine Art kollektives Gebet entrückte. Nur das Wort, das war zu altmodisch, das mußte mit den alten Zöpfen der Elterngeneration verschwinden. Und so entdeckte die Rockgruppe indische Weise, deren Worte von der Meditation genau die gleichen Obertöne in Schwingung versetzten wie ihre Musik. Daß diese Weisen, die Yogis und Sufis, ihr Leben lang fast unablässig gebetet hatten und nur so zu ihren Weisheiten gelangt waren, fiel dabei unter den Tisch. Erweiterung des Bewußtseins hieß das Motto, Rauscherlebnisse – nach den Experimenten mit LSD sollte dazu jetzt die Meditation herhalten. Jene Art mystischer Ekstase aber erreichen die Weisen aller Religionen vor allem durch das Gebet. Falls sie es überhaupt darauf anlegen und nicht anderes erreichen wollen.

Man muß nur die Worte austauschen und plötzlich wird der Unterschied zwischen christlicher Religion und den Jugendbewegungen verschwindend klein. Schon das Urchristentum war Protest, die Apostel waren Aussteiger. Die Geschichte der Klosterbewegung mit all ihren Reformen, all ihren ketzerischen Momenten ist der ständige Kampf der Aussteiger gegen Ordnung und Obrigkeit. Und es sind immer wieder die gleichen Integrationen: Wie die Bettelmönche des Mittelalters mit ihrer eigenen Armut die Revolutionäre versöhnten, wie die intellektuellen Dominikaner die radikalen Freigeister einlullten, so wurden alle Aufbrüche und Revolten immer wieder beschwichtigt und integriert – auch die Studentenbewegung von 1968 –, intellektuell besänftigt.

Was aber soll und kann Beten sein? Wirklich nicht mehr als ein

Gemeinsam zum Gebet: In den Klöstern wird die Gebetsstunde auch zum Ort der Begegnung. Beten ist das Brot des Alltags, ein selbstverständlicher Teil des Lebens.

»langweiliges« Vaterunser, das vielen den Kirchgang so früh vermiest hat? Nicht mehr als ein »langatmiger« Rosenkranz? Letzterer allerdings ist inzwischen erneut zu einem geheimnisvollen Thema geworden. Es gab mysteriöse Rosenkranzgemeinschaften im Mittelalter – geheimnisumwittert, gar revolutionär. Und schon die Herstellung des Rosenkranzes, nur in bestimmten Klöstern gepflegt, mit echten getrockneten Rosen, deren Duft nie mehr verschwinden soll! Und ist der Rosenkranz nicht dasselbe wie jene exotische Mandala? Der berühmte Bergsteiger Reinhold Messner war seinen katholischen Südtiroler Bergen entflohen und kehrte mit einer Mandala um den Hals aus Tibet zurück. Ein Amulett sollte es sein und Symbol seines Protests zugleich. Vielleicht wäre die Provokation weit größer gewesen, er hätte seinen Hals mit einem Rosenkranz geschmückt...

Ob Mandala oder Rosenkranz, beide wirken nur, wenn mit ihnen gebetet wird. Die Monotonie des Rosenkranzes, des »Abbetens« jeder Perle, ist gering im Vergleich zu den hundertmal monotoneren Gebetsübungen des Fernen Ostens.

Jedenfalls ist Beten viel mehr als das Sprechen von Worten, das »Nachbeten« eines rituellen Textes. Die religiöse Literatur kennt eine Vielzahl von Arten und Methoden des Betens: aktive und passive, geistige und meditative, formelhafte, laute und stille. Erst der Klerus, die Priester und die neueren »aktiven« Orden wie die Dominikaner, Franziskaner und Jesuiten haben im Mittelalter die formelhaften Gebete verbreitet – die wir heute noch mit dem Begriff verbinden.

Beten war ursprünglich gleichbedeutend mit Kontemplation, für die Kartäuser füllt daher heute noch das Gebet fast den ganzen Tag, das Gebet in all seinen Formen, nicht etwa nur das laute »Chorgebet«. Wer daher zu den Inhalten des Begriffs vordringen will, wer entdecken will, welche Verbindung zwischen Meditation und Erweiterung des Bewußtseins besteht, der muß zu den Anfängen und den – mehr denn je aktuellen – Ursprüngen des Gebets vordringen. Dann ist es auch nicht mehr wichtig, ob der Betende tiefgläubiger Katholik ist, ob überhaupt Christ. Beten im ursprünglichen Sinne ist Meditation, ist Sammlung, ist Andacht – also geistige Konzentration. Beten ist mehr als Meditation, wer also weiterkommen will auf dem Gebiet der Kontemplation, muß Beten (wieder) lernen – auch als Atheist. Die Ketzer der Geschichte, sie haben alles bestritten, den Machtanspruch der Kirche, ihren Reichtum, die Funktion des Klerus, den Aufbau der Gesellschaft, aber sie haben stets eine Freiheit gepredigt (!), die ohne Gebet nicht denkbar war. Denn ihre Rolle als oft verachtete Außenseiter konnten sie nur mit der Kraft durchhalten, die sie aus dem Gebet zogen, aus ihrer Art zu beten.

Beten kann frei machen, frei auch von falschem religiösem Ballast, frei für eine neue Auseinandersetzung mit dem Glauben, so frei wie ein Meister Eckhart das vorgeführt hat, so frei wie die Ketzerin

Beten kennt viele Formen: Laut am Altar, versunken und schweigend in der Kirche oder zuhause, im rechten Glauben oder als kleine Hilfe gegen die Angst, mit Gott verbunden oder als reine Frage, für andere Menschen oder zur eigenen Beruhigung.

Marguerite Porete, die für ihr Gebetbuch »Der Spiegel der einfachen Seelen« auf den Scheiterhaufen mußte. Beten hat gerade die Frauen frei gemacht, die Beginen des Mittelalters, diese frühen Feministinnen. Ihr Leben war ihr Gebet, war ein stiller, manchmal auch lauter Schrei gegen die Unterdrückung der Frau, es war so etwas wie eine frühe Theologie der Befreiung in diesen »Gemeinschaften des Widerstandes«.

Erst als die neuen Orden »aktiv« wurden, sich mehr der Auseinandersetzung mit der Welt widmeten, in den neu entstandenen Städten die Bürger religiös einbanden, erst als ihnen sozusagen die Zeit knapp wurde fürs Beten, erfanden sie Methoden, wie sie mit ein oder zwei Stunden Gebet am Tag auskamen. Dadurch jedoch veränderten sie Sinn und Art des Betens grundlegend. Die einfachen Gebete der frühen Christen, der Wüstenväter und der kontemplativen Kartäuser schienen plötzlich »naiv«, überholt. Es war ja auch einfacher, sonntags in die Kirche zu gehen, dort anonym mitzubeten und es damit genug sein zu lassen. Dabei waren für die frühen Heiligen der Wüste und der Klöster – Benedikt schrieb in seiner Regel kein Wort über die Methode des Betens, das schien ihm überflüssig – gemeinsam gesprochene Gebete nur eine kurze Unterbrechung der Kontemplation, des »reinen Gebetes«. Nicht laut zu beten, sondern innerlich die richtige Einstellung zu haben, war ihnen wichtig. Und das meinte wohl auch Jesus, als er erklärte, das Himmelreich sei für Kinder und für jene bestimmt, die ein kindliches Gemüt besäßen. Wer nicht mehr träumen kann wie die Kinder, nicht spontan meditieren wie sie, nicht mehr einen Schmetterling voller Konzentration, Staunen und Andacht (!) betrachten wie sie, der kann auch nicht beten. »Betrachten« ist Beten, Staunen über die Natur ist Beten. David Steindl-Rast schreibt:

»Es kann durchaus geschehen, daß Menschen, die regelmäßig zu bestimmten Zeiten ihre Gebete sprechen, Momente wirklichen Gebetes eben genau dann erleben, wenn sie keine Gebete sprechen. Möglicherweise erkennen sie ihre andächtigsten Momente nicht einmal als Gebet. Andere, die niemals förmliche Gebete sprechen, nähren sich an Momenten tiefer Sammlung. Und doch wären sie überrascht zu hören, daß dies tatsächlich Gebet sei.«

Beten ist nichts anderes als Kommunikation mit Gott. Den mag sich jeder vorstellen wie er will. Wer mit dem personalen Gottesbild des Christentums nicht zurechtkommt, soll sich ein anderes Bild machen. Oder besser, er soll sich kein Bild machen! Und jeder kann für sich entscheiden, wie weit er mit dem Gebet in sich selbst vordringen soll und will. Die spontanen Gebetserlebnisse sind charakterisiert durch Momente höchster Konzentration – der Betende ist absolut wach. Was sich spontan einstellen kann, setzt beim formalen Gebet Anstrengung voraus, Disziplin und (trainierte) Konzentration. Der technische Begriff für diese Mühe und den Geisteszustand, der daraus

resultiert, lautet in der katholischen Tradition eben »Andacht« (Steindl-Rast).

Andacht, Aufmerksamkeit, Sammlung, Staunen – all diese Begriffe schwingen nur um eines, um die innere Haltung. »Weiteste Offenheit mit höchster Konzentration«, diese scheinbar paradoxe Mischung ist die Charakterisierung des inneren Gebets. Es sind die Augenblicke der inneren Ruhe, der großen Balance. Wer gelernt hat, wie er durch Gebet und Meditation diese Augenblicke »herstellen« kann, dem wird es noch gelingen, beim Essen zu beten. »Langsam essen«, wird heute geraten, langsam und diszipliniert – also aufmerksam, also *betend.* Wer sich zwingen muß, langsam zu essen, der wird sich auch zum Beten zwingen müssen. Keine Aufmerksamkeit ohne Disziplin, keine Ruhe ohne Konzentration, keine Konzentration ohne Willen. Und da fängt die individuelle Entscheidung an.

Wer sich auf das Abenteuer Beten einlassen will, muß es neu lernen, außer er hat sich sein spontanes kindliches Gemüt bewahrt. Beten lernen, vielleicht ist ein Meditationskurs der richtige Einstieg dafür, vielleicht ein Klosterbesuch »auf Zeit« die passende Gelegenheit. Es gibt auch ein Buch zur Vorbereitung: »Meditieren mit Leib und Seele. Neue Wege der Gotteserfahrung.« Der Autor Anthony de Mello ist ein berühmter indischer Exerzitienmeister, der aus der östlichen

Ein Leben in der Idylle: Alle Klöster haben ihre stillen Winkel, Zufluchten für Mönche, die nach mehr Ruhe suchen. Wie die Pflanze am Stein hochrankt, so soll das Gebet zu Gott führen. Ein Gott, für den es viele Namen und Begriffe gibt.

Tradition ebenso schöpft wie aus der christlichen Mystik. Und er beseitigt sogleich die Vorurteile gegen eine »Technik des Betens«, die bei uns oft vorherrschen. So, wie Meditation eine Sache des Trainings sei, so sei auch Beten, das uns befreien soll, eine Sache der Übung.

Folgerichtig beginnt de Mello mit Übungen der Wahrnehmung: Der »Reichtum des Schweigens« wird ebenso entdeckt wie die Körperempfindungen bei dieser ungewohnten »Aktivität«; der »Disziplin der Gedanken« folgen die Atem-Empfindungen, die Verbindung von Wahrnehmung und Meditation mit der Schulung und Beobachtung unseres Atems. »Gott in meinem Atem« und »Gott in allen Dingen finden«, schon die Namen der einzelnen Übungen, die im Buch detailliert vorgestellt und wie eine Trainingsanleitung benutzt werden können, zeigen die Verwandtschaft zum Pantheismus, die Nähe zu Meister Eckhart und der Kartäuser-Spiritualität.

Schon beim Atmen wird aber auch die Nähe der Ekstase deutlich: »... weil intensive Konzentration auf eine so subtile Verrichtung wie das Atmen wahrscheinlich Halluzinationen bewirkt oder Inhalte aus dem Unbewußten heraufzieht, die du nicht unter Kontrolle halten könntest.« Auch für Anthony de Mello ist Gebet eine Kommunikation mit Gott durch Worte, Bilder und Gedanken. Eine Kommunikation, die sich vielfältig trainieren läßt. Mit Bildern und Geschichten aus der Bibel, wie sie die Mönche benutzen, mit einer Blume, einem Bild aus der Kindheit. Auch Meditation ist Kommunikation mit Gott, sie macht jedoch »den sparsamsten Gebrauch von Worten, Bildern und Ideen« oder verzichtet darauf ganz. Dieser Sinn des Wortes Meditation ist ja fast vergessen, seit der modische Begriff beliebig für jede Reflexion verwandt wird. Für die Kartäuser jedoch bedeutet Meditation das Abtauchen aus der Welt der Bilder und Worte; ohne Gedanken eins werden mit Gott – das ist der Kern der Mystik. Auch in der östlichen Tradition ist Meditation nicht etwa Nachdenken, sondern eher das genaue Gegenteil – das Verhindern ständigen Nachdenkens, die Befreiung von den störenden Gedanken. Meditation ist Umgang mit völliger Leere oder totaler Fülle – je nach Gottesbegriff.

Beten ist aktive Meditation

Die Übungen bei de Mello zeigen jedoch auch, wie sehr Gebet und Meditation ineinander übergehen, sich gegenseitig bedingen. Dazu muß man wortlos beten oder, wie es die Hindu-Meister sagen, ein Dorn im Fleisch hilft, die anderen herauszuziehen. Wem es nicht spontan gelingt, inneres Schweigen zu erlangen, die Gedanken abzuschalten, dem kann die Monotonie helfen: *ein* Gedanke, *ein* Bild, *ein* Wort – ein Dorn. Das ist nichts anderes als ein Mantra, die ständige Beschwörung eines Begriffes, die uns ruhig macht, die sogar in unsere Körperfunktionen eingreifen kann (manche indischen Yogis können

ihren Herzschlag beschleunigen oder verlangsamen). Ein Gedanke oder ein Psalm: Für die Mönche, die ihre Texte kennen, sind die Psalmensammlungen wahre Goldminen für kontemplative Übungen. Damit erreichen sie im Gebet jene Geisteszustände völliger Entrükkung oder gar höchster Ekstase, von denen all die großen Mystiker berichten.

Eine einfachere Methode, die vor allem in der griechisch- und russisch-orthodoxen Kirche gepflegt wird, ist das Jesusgebet – die unablässige Wiederholung des Namens »Jesus«. Das Wort, der Name als Mantra. Mahatma Gandhis Kraft steckte in dieser Weise zu beten. Es muß übrigens nicht »Jesus« sein, jeder andere Gottesname hat dieselben Wirkungen. Die Derwische der Türkei beispielsweise, die ebenfalls zu den Mystikern zählen, wiederholen oft tausende Male monoton einen Gebetsspruch und versetzen sich so in Trance. Oft verbinden sie dies mit der richtigen Atemtechnik: Allahu-akbar, allahu-akbar, wiederholen sie unablässig; dabei atmen sie mit allahu aus und akbar wieder ein. Nichts anderes geschieht beim Jesusgebet, entweder wird beim Ausatmen Jesus gesprochen oder beim Einatmen. Oder die erste Silbe beim Luft holen und die zweite beim Ausstoßen der Luft. Wem das zu schnell geht, kann den Namen bei jedem dritten oder vierten Atemzug sprechen. Allerdings ganz sanft und gelöst. Das

Die Kartäuser glauben daran, daß sich Gott mit ihnen vereinigt. Ihre Mystik birgt für sie viel mehr Wahrheit als jede Wissenschaft.

läßt sich mit frei gewählten Gefühlsregungen verbinden und steigert so die Empfindungen. Oder der Verstand verschwindet langsam ...

»Jesus« allein läßt sich als Mantra nützen, das ganze Jesusgebet lautet »Herr Jesus Christus, erbarme dich meiner.« Auch das läßt sich kontemplativ trainieren: Zuerst müssen wir uns unseres Atems bewußt werden, wie er durch die Nase ein- und ausströmt. Beim Einatmen sagen wir den ersten Teil »Herr Jesus Christus«, beim Ausatmen »Erbarme dich meiner«. Mit diesem Ausatmen sollten wir auch alle psychischen »Schlacken« ausstoßen ...

Offenbar kann Beten nicht nur Spaß machen, sondern sogar Lust bereiten. Was die alten Mystiker immer wußten, ist ja erst in jüngster Zeit wissenschaftlich halbwegs erklärt worden: So wie Marathonläufer durch die lange monotone Belastung in ihrem Körper »Endorphine« produzieren, chemisch dem Opium ähnliche Stoffe, die den Schmerz der Belastung hemmen, ebenso können monotone geistige Belastungen solche köperlichen Folgen zeitigen. Die Endorphine hemmen aber nicht nur den Schmerz: Wenn die Belastung nicht aufhört, wird ein Überschuß produziert und das Gegenteil von Schmerz tritt auf – Lust.

Nur so werden uns auch die mittelalterlichen Geißelungen, die selbstzerstörerischen asketischen Übungen vieler Ordensleute ein wenig verständlicher. Und so haben wir auch eine biochemische Erklärung für die mystische Ekstase. Das sagt freilich nichts gegen deren Inhalt, denn was ist hier Ursache und was Wirkung: Veranlaßt die vorgestellte mystische Vereinigung mit Gott unseren Körper, es der Seele gleichzutun und sich in Rausch zu versetzen? Oder erzeugt erst der Rausch das (Trug-)Bild der mystischen Vereinigung? Es wird wohl beides geben, und jeder wird für sich das Experiment wagen müssen. Beten kann Ekstase erzeugen, aber es wird wenig helfen, damit nur ein Rauschmittel mehr entdeckt zu haben. Ekstase mag ein kurzer Glücksmoment höchster Intensität sein, bewußt beten – und damit bewußt leben – kann diesen Zustand jedoch auf kleiner Flamme erhalten. Und: Ekstase kann den Blick einengen, Beten jedoch sollte ihn vor allem weiten.

Beten ist also auch eine Sache des Körpers. Schon Dominikus hatte eine Körpertechnik des Betens, verbunden mit Gestik, entwickelt. Weiter noch geht die Verbindung im sakralen Tanz, der in den Klöstern gerade wieder entdeckt wird, oder auch beim Gesang:

»Beten heißt Singen. Das romanische Zeitalter kennt das stumme Gebet nicht (mehr). Es glaubt, daß seinem Gott das gemeinsame Gebet angenehmer sei, das Gebet aus einem Munde, doch zu den Rhythmen der Musik; denn dieses Lob muß mit den Hymnen harmonieren, mit denen der Chor der Seraphim im höchsten Himmel den Thron des Allmächtigen umgibt. So singen die Mönche acht Stunden am Tag aus voller Brust. Wir haben vergessen, daß der

gregorianische Gesang männlich war, heftig, daß er ein Kriegsruf war, den die Mönche, diese Kämpfer, wider die Armeen Satans ausstießen, um sie in die Flucht zu schlagen.« (Georges Duby)

Georges Duby war ein französischer Historiker und wahrscheinlich der beste Kenner des Mittelalters, das noch so sehr von den Klöstern bestimmt wurde.

Auch Singen kann Beten sein, jeder Gesang, jedes Lied, sofern es der richtigen Einstellung entspringt, Andacht vermittelt. Für Anthony de Mello bedeutet »Meditieren mit Leib und Seele« eben auch Singen oder Gestik:

»Erfinde deine eigenen Gesten, um Liebe ... auszudrücken. Oder drücke schauspielerisch aus, was du Gott sagen willst, spiele es. Bewege dich so langsam und anmutig wie möglich, daß es ein langsamer ritueller Tanz wird ...« (Anthony de Mello)

Dieser Tanz und solcher Gesang waren heilig im Mittelalter und so brauchten sie auch den entsprechenden Ort. Georges Duby hat beschrieben, wie aus diesem Geist des Gebets die Basilika entstand:

»Diese Stätten, an denen das Irdische zum Geistigen, das Sichtbare zum Unsichtbaren emporstieg, waren nicht nur der Ort des liturgischen Gesangs, der achtmal am Tag wiederholt wurde. Hierhin zog die betende Gemeinschaft auch in rituellen Prozessionen, einer

Die Einsamkeit empfindet der Mönch anders als »normale« Menschen: Sie birgt die Chance, Gott zu begegnen.

Art sehr langsamer Tänze, die den alten, von einer Geschichte überlieferten Mythos der Erlösung darstellten: den Zug der Hebräer durch das Tote Meer, durch die Wüste, den Weg des toten Jesu seiner Wiederkunft entgegen, den Weg aller Menschen durch die Prüfungen des Lebens und die Läuterung im Jenseits.« (Georges Duby in: »Der Heilige Bernhard und die Kunst der Zisterzienser«.)

Die Mönche stellten diesen Weg des Menschen in der Kirche dar, als ob ihr »inbrünstiges Spiel« die Macht hätte, die Menschen schneller ins Licht zu heben.

Die Klosterkirche, so schreibt Duby, wollte ein Abbild des himmlischen Jerusalem sein. Daher glich sie von außen einer Festung. Sie ist die Zitadelle des Guten, mit Türmen besetzt. Das Vorwerk im Westen, das den Besucher zum Innehalten zwingt, verkörpert alle Stufen beim Aufstieg vom Fleisch zum Geist. Vor allem die Etappe des Todes: Hier formierten sich die Bestattungsprozessionen. Hier war die Schwelle zwischen dem Niedrigen und dem Erhabenen: »Wer sie überschritt, gelangte in die Zeitlosigkeit eines imaginären Paradieses, in der aller Lärm, alles weltliche Stimmengewirr in der Ordnung der gregorianischen Harmonien aufging.« (Georges Duby)

Mönche wenden sich ab, ziehen sich zurück – fliehen die Welt. Diese Flucht oder Abkehr ist für alle Menschen heute entscheidend. Wer nicht bereit ist, sich abzukehren, sich ein wenig zu lösen aus seiner normalen Welt, wird auch mit der Meditation nichts lernen.

Gott selbst, so betont Duby, hatte den Menschen enthüllt, wie die Wohnstatt der Seligen aussah. In der Offenbarung des Johannes rüstet sich das »neue Jerusalem« für Gott, »wie sich eine Braut für den Bräutigam rüstet.« Die Basilika jedoch soll das genaue Abbild dieses utopischen Jerusalems sein. Die Basilika als Braut – »unbefleckt, aber nicht fern der Sünde der Erotik.«

Und nur so eingeweiht werden wir uns auch mit der Ekstase beim Beten besser anfreunden, darin nicht den Teufel vermuten. Martin Buber hat in seinen »Ekstatischen Konfessionen« mystische Zeugnisse aus allen Religionen gesammelt. Und er hat auch gesagt, wozu dies gut sein soll:

»Es ist mir nicht darum, die Ekstase einzureihen. Der Ekstatiker mag psychologisch, physiologisch, pathologisch erklärt werden, uns ist das wesentlich, was jenseits der Erklärung bleibt: sein Erlebnis ... Vielleicht ist das Erlebnis eben das, was jenseits der Erfahrung steht: weil es vor der Erfahrung steht ... Ich bin die dunkle Seite des Mondes ... Ich bin der Rest der Gleichung, die nicht aufgeht, ihr mögt mich mit einem Zeichen belegen, aber auflösen könnt ihr mich nicht. You would pluck out the heart of my mystery? Dieser Mensch hat sich frei gefühlt; hat Freiheit, Gottesfreiheit über seinem Handeln gefühlt. Eine Täuschung? Gut denn, so ist die Täuschung das, was uns an ihm wesentlich ist. So ist es mit der Ekstase: das Wort geht uns an, das Wort weiß nicht, was der Wahnsinn ist; aber ich weiß, daß ich da bin, die Stimme des Menschen zu hören.«

Es gibt inzwischen bereits viel zu viele Bücher über die Mystik und ihre Ekstasen (siehe dazu Literaturliste, Seite 158), Sammlungen authentischer Zeugnisse wie die von Buber und jede Menge Diskussionen darüber. Alle guten Zeugnisse jedoch sind gleichnishaft und daher nicht immer leicht verständlich. Nur ein Versuch daher an dieser Stelle von Meister Eckhart: »Soll mein Auge die Farbe sehen, so muß es ledig sein aller Farbe. Sehe ich blaue oder weiße Farbe, so ist das Sehen meines Auges, das die Farbe sieht, dasselbe wie das, was da gesehen wird mit dem Auge. Das, in dem ich Gott sehe, das ist dasselbe Auge, darin mich Gott sieht, dasselbe wie das, was da gesehen wird mit dem Auge. Das, in dem ich Gott sehe, das ist dasselbe Auge, darin mich Gott sieht; und mein Auge und Gottes Auge, das ist *ein* Auge und *ein* Sehen und *ein* Erkennen und *ein* Leben.«

Es ist offensichtlich: Ich muß leer werden, ehe ich sehen kann. Das Gleichnis stammt übrigens aus einer Predigt Eckharts über das Hören ... Hier wird auch deutlich, woher die Anklage der Kirche auf Pantheismus rührt, derer sich Eckhart kaum erwehren konnte. Er stand gefährlich zwischen Kirche und Ketzern und bis heute wird darüber gestritten, wohin er denn gehört. Dabei war Eckhart ein großer Kritiker übertriebener Mystik, wichtigtuerischer Ekstasen. So schwierig es heute ist, zwischen alternativem Getue und dem echten Versuch, anders zu leben, zu unterscheiden, so schwierig war das wohl auch damals. Eckhart kritisierte eine reine Versenkungsmystik ohne deutliches Engagement für das, was dabei herauskommen soll. Welch frappierende Parellele zur Aktualität! Eine solche Mystik ist für Eckhart bloße Erotik der Seele statt tätige Liebe.

In dieser Hinsicht trifft sich Eckhart mit Franz von Assisi und den Bettelorden. Sie blieben kontemplativ und gingen doch in die Welt hinaus. Das ist ein praktikableres Vorbild für christliche Alternative als die Lebensweise der Kartäuser. Die Kartäuser wollen aber genau das nicht sein, ein Vorbild nämlich. Auch kein Vorbild der Ekstase:

»Kartäuser verkaufen keine Techniken. Ihr Leben ist Gott gewidmet. Sie lächeln auch nicht von Postern auf uns herab, um uns zu Begegnungen in öffentlichen Hallen einzuladen, wo wir gegen einen Scheck an einem Meditations-Kurs teilnehmen können. Gläubige Mönche gehen nicht in Konzerthallen, um die Leute zu belehren, wie man das Jesusgebet verrichtet. Sie sind zu sehr damit befaßt, es selbst – allein mit Gott – in der Einsamkeit zu sprechen.« (Robin Bruce Lockhart)

KLOSTER FÜR ALLE: KARTÄUSER

Die Kartäuser sind der strengste Orden der katholischen Kirche und rein kontemplativ ausgerichtet. Daher leben die Mönche in strenger Klausur, völlig abgeschieden von der Welt. Die Erlaubnis für den Besuch in einem Kartäuserkloster ist daher ein seltener Glücksfall.

In neuerer Zeit sind auch zwei Bücher über die Kartäuser erschienen, die hier als Informationsquellen weiterhelfen sollen: Robin Bruce Lockhart: »Botschaft des Schweigens. Das verborgene Leben der Kartäuser.« Echter-Verlag Würzburg, 1987. Und: Willibald Bösen: »Auf einsamer Straße zu Gott. Das Geheimnis der Kartäuser.« Herder-Verlag Freiburg, 1987.

An den Klosterpforten der Kartausen sind Informationsbroschüren erhältlich, so daß der Besucher nicht völlig enttäuscht abreisen muß. Aber außer Verwandten von Klosterinsassen darf eben normalerweise niemand die klösterliche Stille stören. Lediglich ernsthaft am Eintritt in den Orden Interessierten werden einige Tage oder Wochen »Kloster auf Probe« zugestanden.

Und doch haben auch die Kartäuser eine Botschaft für alle: »Du sollst nicht die Kartäuser suchen, sondern den Kartäuser in Dir finden.« Mit anderen Worten: Jeder sollte sich alltäglich wenigstens einige Minuten auf dieses innere Schweigen der Kartäuser einlassen – meditieren.

In Deutschland beziehungsweise in der Schweiz gibt es nur die zwei in diesem Buch vorgestellten Kartausen:

Kartause Marienau
Seibranz
7954 Bad Wurzach 8

Chartreuse de La Valsainte
CH-1631 La Valsainte

Die Adressen aller Kartäuserklöster finden sich in dem genannten Buch von Bruce Lockhart.

Einblick ins Kloster: Manche Orden wollen ihre Stille auch für kurze Zeit nicht von Gästen stören lassen, andere dagegen haben sich bewußt geöffnet, wollen mit einem »Blick auf Zeit« auch Einblick vermitteln.

Wer sich für das Eremiten-Leben der Kartäuser interessiert, findet vielleicht auch Kontakt bei der bayerischen Eremiten-Verbrüderung.

Deren christliches Einsiedlertum hatte seine Ursprünge in Ägypten. Später, als die Zeit der ersten Christenverfolgungen vorüber war, wuchs die Zahl der Eremiten. Früh schon aber verzweigte sich die Bewegung in reine Einsiedler und in Mönche, die in klösterlichen Gemeinschaften leben. Der heilige Basilius verfaßte daher zwei Mönchsregeln, eine für die Eremiten, eine andere für die »Zönobiten«. In Europa faßten beide Bewegungen Fuß, das Einsiedlertum zunächst in Gallien und Irland. Iro-fränkische Missionare brachten Kunde von den Eremiten nach Bayern, und bald war die Kirchengeschichte des alten Bayern voll von bekannten Einsiedlergestalten.

Seine Blüte hatte das Einsiedlerwesen in der Zeit des Barock nach dem Dreißigjährigen Krieg. Zahlreiche Ortsnamen wie »Klausen« oder »Einsiedeln« zeugen davon. Oft unterhielten die Einsiedler allerdings auch Schulen für die Kinder der näheren Umgebung. Meist lebten sie von Almosen.

Wer mehr über die Einsiedler von heute wissen oder einen besuchen will, wendet sich an folgende Kontaktadresse:

Mutterklause der Eremiten
Frauenbrünnl
8403 Bad Abbach

TRAPPISTEN

»Wir Trappisten sind ein rein beschaulicher Orden, ohne jegliche Tätigkeit nach draußen. Unser Leben verläuft in Einsamkeit, Besinnlichkeit, Meditation und in enger Bezogenheit zur Natur, da wir, auch wir Priester, körperlich arbeiten in Garten, Feld und Wald. Die Natur bietet einen Großteil unseres Betrachtungsstoffes, und die – auch schwere – Arbeit ist die erste Buße, die Gott bereits im Paradies den Menschen auferlegt hat. Unser Garten dient vorzüglich unserer Ernährung, Blumen werden gezüchtet für den, wenn auch sehr sparsamen, Schmuck der Altäre in der Kirche. An Tieren haben wir Kühe: dreiundsechzig Milchkühe, zweiundfünfzig Rinder um zwei Jahre und dreißig Kälber. Wir haben hundert Hektar Land, vierzig Hektar Weidefläche und vier Hektar ummauerte Klausur. Wir machen auch Likör. Die alten Mönche kannten die Heilkräuter, und das ist in Likör ›ausgeartet‹«. Diese schöne Beschreibung seines Klosters lieferte uns der Abt von Mariawald in einem herzlichen Brief.

Abtei Mariawald in der Eifel

Die Abtei Mariawald in der Eifel ist eine Klostergründung des Mittelalters. In der Säkularisation fast zerstört, entstand erst 1860 die »Stadt auf dem Berge« wieder neu. Die Trappisten haben ihren Namen von der Reform des Klosters La Trappe in Nordfrankreich, das 1964 als Zisterzienserkloster zurück zur ursprünglichen Härte der Regel Benedikts wollte. Dennoch werden die Trappisten bis heute zu den Zisterziensern gerechnet. In den letzten zwei Jahrzehnten wurden viele traditionelle Härten des Trappistenlebens abgebaut, dennoch halten sie wie die Kartäuser allnächtlich ihren Gottesdienst ab. Vier bis fünf Stunden täglich nutzt der Mönch zum Lesen, Beten und Meditieren. Die klösterlichen Bußübungen und die Schweigepflicht sind den Trappisten kein Selbstzweck. Ohne Schweigen jedoch wird der Mensch nie innere Ruhe finden. Die populäre Vorstellung vom ewig schweigenden Trappistenmönch ist dagegen falsch. Die Zeichensprache existierte stets, notwendige Mitteilungen sind immer erlaubt, eine allgemeine Unterhaltung ist aber bis heute untersagt. Interessenten haben für Besuche bei den Trappisten schon eher Glück als bei den Kartäusern, aber auch hier nur nach vorheriger Anfrage.

Abtei Mariawald
5169 Heimbach/Eifel

Mariawald verfügt über ein Gästehaus mit zehn Einzelzimmern für Einzelexerzitien (nur für Männer). Teilnahme an Messe und Chorgebet von den Gästebänken aus.

TRAPPISTINNEN

Abtei Maria Frieden in der Eifel

Im Jahre 1953 kamen sechzehn Schwestern eines holländischen Klosters in die Bundesrepublik und gründeten die Trappistenabtei Maria Frieden in der Eifel. Die »Zisterzienserinnen von der strengen Observanz« leben der traditionellen Askese mit Fasten, Wachen und Schweigen. In der Atmosphäre der Stille und Zurückgezogenheit wollen sie sich Gott öffnen. Die Trappistinnen leben von ihrer eigenen Arbeit in der Landwirtschaft, der Paramentenwerkstätte, in der Buchbinderei oder der Herstellung des Kloster-Elixiers. Sie sorgen aber auch bewußt für die Gäste, »die dem Kloster nie fehlen«. Besuche nach Einzelabsprache.

Abtei Maria Frieden
5377 Dahlem bei Kall 2

ZISTER-ZIENSER

Die Geschichte des Zisterzienserordens begann, als der Benediktinerabt Robert von Molesme sich bemühte, an seinem Kloster eine strengere, der Benediktinerregel angepaßte Disziplin einzuführen und der größere Teil seines Konvents sich wiedersetzte. Da der Abt die traditionelle Linie nicht fortführen wollte, war der Auszug der Reformpartei im Jahre 1098 die unvermeidliche Folge. Der Abt und einundzwanzig Mönche ließen sich in einem einsamen Tal in der Nähe des Ortes Cisterium, fast in unmittelbarer Nähe von Cluny, nieder. Ziel der Mönchsgemeinschaft war die Erneuerung der Vita religiosa, die Suche nach dem »richtigen« geistlichen Leben. »Novum monasterium« nannten die Mönche ihr Kloster – erst zehn Jahre später wurde aus dem »Neukloster« das Kloster Cîteaux (Zisterze).

Bereits ein Jahr nach der Gründung mußte Abt Robert nach Drängen seines früheren Konvents und auf päpstlichen Befehl nach Molesme zurückkehren. Sein Nachfolger wurde der heilige Alberich, der der Neugründung die kirchenrechtliche Bestätigung sicherte und die wesentlichen Satzungspunkte festlegte. Oberste Richtschnur war die Reinheit der Benediktinerregel, die ohne Milderung und Ausnahme gelten sollte – als »Regula pura et integra«. In Armut wollten sie leben. Während die Benediktiner ihre Klöster auf luftige Berghöhen bauten, bevorzugten die Zisterzienser Standorte in Tälern, am Ufer von Bächen und Flüssen.

Erst der dritte Abt von Cîteaux, der Engländer Stephan Harding, verfaßte ein umfangreiches Programm, in das die zeitgenössischen Reformideen einflossen. Darin wird deutlich, daß die Klostergründer nahezu alle Formen des benediktinischen Klosters der damaligen Zeit, wie Stadtkloster, Schulkloster, Kulturkloster und Kultkloster, wie vor allem Cluny es war, ablehnten und zur absoluten Reinheit der Benediktusregel zurückkehren wollten. Auf Einnahmen und Besitztümer wurde verzichtet, die Meßgewänder und Geräte sollten von größter Einfachheit sein, Bilder wurden nirgends geduldet und Malereien nur auf Kreuzen, die aus Holz sein mußten. Neben dem Lob Gottes durch das Chorgebet und der geistlichen Lesung (Lectio divina) vor allem der Bibel, bestand das Leben der Zisterziensermönche aus harter körperlicher Arbeit, denn sie sollten von Ackerbau und Viehzucht leben. Die Regel erlaubte zu diesem Zwecke den Besitz von Gewässern, Wäldern, Weinbergen, Wiesen und Äckern – abseits von Siedlungen der Weltleute – sowie von Tieren, ausgenommen solchen, die »mehr aus Kuriosität und Eitelkeit als des Nutzens wegen gehalten werden wie Kraniche, Hirsche und dergleichen«.

In mühsamer Handarbeit machten die Mönche Land urbar, legten Sümpfe trocken, rodeten Wälder und forsteten neue auf. Im Acker-, Wein- und Obstbau, in der Vieh- und Bienenzucht waren sie bald unschlagbar, sie erprobten neue landwirtschaftliche Techniken und betrieben Intensivkulturen. Die frommen Landwirte erzielten

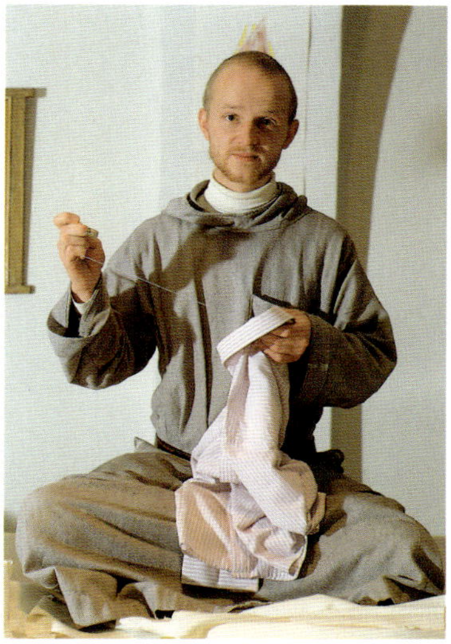

Handarbeit macht zufrieden: Im Kloster wird der alternative Anspruch ernstgenommen, Körper und Geist wieder in Einheit zu bringen. Die richtige Arbeit in der richtigen Einstellung ist die reine Meditation.

beste Ernteerfolge und begannen schließlich ihre Überschüsse zu verkaufen. So wurden aus armen Klöstern wohlhabende landwirtschaftliche Großunternehmen. Dieser wirtschaftliche Erfolg, den der Orden trotz des Rückzugs aus der Welt, religiösem Ernst und Konsumverzicht erreichte, gefährdete langfristig jedoch den religiösen Ansatz.

Doch zunächst breitete sich der Orden rasch aus, schneller als jeder andere, und das lag zu einem wesentlichen Teil an einem Mann: dem heiligen Bernhard von Clairvaux. Er war im Jahre 1112 zusammen mit dreißig weiteren Männern ritterlichen Stands in Cîteaux eingetreten. Dieser Masseneintritt hat dem Orden vermutlich das Leben gerettet, denn infolge einer ansteckenden Krankheit war der Bestand an Mönchen dramatisch geschrumpft. Bernhard führte als Mönch ein »heiligmäßiges Leben« und wurde schon drei Jahre nach seinem Eintritt, knapp fünfundzwanzigjährig mit zwölf Mitbrüdern ausgesandt, um ein neues Kloster zu gründen. Im unwirtlichen Wermut-Tal entstand das spätere Kloster Clairvaux. Bernhard und seine Brüder führten ein streng asketisches Leben, angeblich begnügten sie sich mit aus Baumblättern gekochter Suppe sowie Brot, das aus Gerste und Hirse bereitet und so schwarz war, daß es »ein Mönch aus einem anderen Kloster nicht ohne Tränen sehen konnte und ein Stücklein mit sich nahm, um es seinen Mitbrüdern zu zeigen«. Sein asketischer Eifer bescherte Bernhard ein Magenleiden, das er nie mehr auskurieren konnte. Bernhard war ein fleißiger Verfasser von Briefen, Traktaten, Predigten und Sermonen, rund 1500 Manuskripte sind erhalten. Er mischte sich in die Auseinandersetzung zwischen Cluniazensern und Zisterziensern ein, begrüßte alle reformatorischen Bestrebungen und ereiferte sich für die Reinerhaltung der kirchlichen Lehre gegen Abälard und andere »Ketzer«. Bernhard starb 1153 im Alter von dreiundsechzig Jahren. Zwei Jahrzehnte später wurde er heiliggesprochen und 1830 zum Kirchenlehrer ernannt.

Parallel zu den Männergemeinschaften hatten sich auch Zisterziensische Frauenklöster gegründet, gegen deren Aufnahmen in den Ordensverband sich die Mönche zunächst sträubten. Deshalb traten die Frauen über hundert Jahre lang noch als Benediktinerinnen auf. Erst Ende des 12. Jahrhunderts wurden die Frauenklöster in den Orden aufgenommen und seelsorgerisch betreut. Mechtild von Magdeburg (gest. 1294), die zunächst als Begine in Magdeburg und dann als Zisterzienserin in Helfta lebte und »Gertrud die Große« (gest. 1302) sind als Mysterikerinnen bekannt. Heute unterscheidet sich die Lebensweise der Zisterzienser kaum noch von jener der Benediktiner.

Kloster Langwaden bei Grevenbroich
Eine junge Gründung ist das Zisterzienserkloster Langwaden bei Grevenbroich, das seit 1961 besteht. Die Gründer waren Mönche einer aufgehobenen Abtei in der CSSR.

Langwaden führt ein Gästehaus, das für Besinnungstage und für Tagungen jeglicher Art offensteht. Daneben werden im St. Bernhardsheim Männer aufgenommen, die in soziale Schwierigkeiten geraten sind.

P. Basilius Ullmann
Zisterzienserkloster Langwaden
4048 Grevenbroich 2

Abtei Himmerod in der Eifel
Das Kloster wurde bereits 1134 durch den heiligen Bernhard von Clairvaux persönlich gegründet. 1179 wurde die romanische Basilika geweiht. Die Barockkirche von 1751 wurde wie das Kloster nach der Säkularisation als Steinbruch verwendet. 1919 wurde das Kloster neu besiedelt und ab 1925 neu aufgebaut.

Zisterzienserabtei
U. L. Frau von Himmerod
5561 Großlittgen 2

Abtei Marienstatt im Westerwald
Die Abtei Marienstatt wurde 1212 gegründet und zehn Jahre später an den heutigen Platz im Tal der großen Nister verlegt. 1888 wurde das Kloster von der Abtei Mehrerau am Bodensee aus neu besiedelt. Heute bietet Marienstatt unter anderem ein Gymnasium mit 700 Schülern und hat sich betont für Exerzitien geöffnet. Einzelne und Gruppen sind eingeladen in die besondere Atmosphäre, aber auch zur körperlichen Arbeit nach der Regel des heiligen Benedikt.

Abtei Marienstatt
5239 Marienstatt/Westerwald
Telefon: (02662) 7081

Abtei Lilienfeld in Niederösterreich
Einzelne oder Gruppen sind für Besinnungstage eingeladen. Bitte schriftliche Anmeldung.

Abtei Lilienfeld
A-3180 Lilienfeld/Niederösterreich
Telefon: (02762) 2204

Stift Schlierbach in Oberösterreich
Seit 1920 landwirtschaftliche Fachschule, seit 1924 Klosterkäserei und seit 1944 Glasmalerei mit Aufträgen bis aus Asien und Amerika. Daneben ein Gymnasium mit Internat.

Gästezimmer vor allem für Künstler, die in der Glasmalerei mitarbeiten wollen. Daneben normale Gästezimmer.

Stift Schlierbach
A-4553 Schlierbach/Oberösterreich
Telefon: (07582) 8250

Stift Zwettl in Niederösterreich
1137 gegründet, erlebte Zwettl eine höchst abwechslungsreiche Geschichte. Es ist, wie die meisten österreichischen Klöster, stark »verbürgerlicht«; die Mönche müssen Pfarrerstätigkeiten wahrnehmen. Seit einiger Zeit existiert ein Bildungshaus, das für Interessenten offensteht.

Stift Zwettl
A-3910 Stift Zwettl/Niederösterreich
Telefon: (02822) 2391

Stift Rhein in der Steiermark
Einige Gästezimmer im Konvent für Tage der Stille und Besinnung. Tagungsräume für größere Gruppen. Teilnahme am klösterlichen Leben.

Stift Rhein
A-8103 Rhein/Steiermark
Telefon: (03124) 3923

ZISTER-ZIENSE-RINNEN

Abtei Oberschönenfeld bei Augsburg
Das Kloster entstand 1186 aus einer Beginengemeinschaft. Seitdem leben hier ununterbrochen Zisterzienserinnen, trotz mehrmaliger Flucht der Schwestern in Kriegszeiten. In den letzten Jahren erfolgten Neueintritte vieler junger Frauen, heute leben vierzig Schwestern dort.

Die Zisterzienserinnen von Oberschönenfeld leben kontemplativ, mit Meditation und bewußtem Schweigen, in einfachem Lebensstil und »von ihrer Hände Arbeit«. Jede Arbeit läßt sich mit Gebet verbinden, doch die körperliche Arbeit ist ein Wesenselement der Zisterzienser-Spiritualität. »Sie macht solidarisch mit allen arbeitenden Menschen.« Die Arbeitsbereiche sind ein kleines Altenheim, eine Holzofen-Bäckerei, Buch- und Kunsthandlung, Paramentenstickerei, Haus- und Gartenarbeit.

Kleinere Gruppen haben die Möglichkeit zu Einkehrtagen, Meditationskursen und Exerzitien. Frühe Anmeldung, da nur beschränkte Unterbringungsmöglichkeiten. Das Kloster liegt sehr schön in waldreicher Gegend. Vollpension ist möglich.

Zisterzienserinnen-Abtei
Oberschönenfeld
8901 Gessertshausen
Telefon: (08238) 2028

Kloster Seligenthal bei Landshut
Interessierte Mädchen haben – nach Vereinbarung– an Wochenenden oder in den Ferien Gelegenheit, das Klosterleben kennenzulernen. Eine Informationsschrift wird verschickt.

Abtei Seligenthal, F 514
Fr. Äbtissin M. Columba Baumgartner
8300 Landshut

Abtei Waldsassen in der Oberpfalz
Abtei Waldsassen
Fr. Äbtissin M. Immaculata Baumann
8595 Waldsassen/Oberpfalz

Abtei Lichtenthal bei Baden-Baden
Auch hier sind Interessierte stets eingeladen, einige Tage lang das klösterliche Leben kennnenzulernen.

Abtei Lichtenthal
Postfach 1337
7570 Baden-Baden
Telefon: (07221) 72332

Kloster Mariazell in der Schweiz
Am rechten Ufer des Zürichsees liegt das Kloster Mariazell. Es ist wie alle Klöster des Ordens autonom, zählt zur Mehrerauer Kongregation. Bei der prachtvollen Aussicht über den See fällt die Entspannung nicht schwer.

Im neuen Internat werden Meditationskurse angeboten. Kurse für Jugendliche im alten Internatsbau.

Kloster Mariazell
CH-8715 Bollingen/St.Gallen
Telefon: (055) 271894

Die Klöster öffnen sich

DIE KARMELITINNEN VON TÜBINGEN

Der Körper verharrt regungslos, der Geist weilt bei Gott: Die Meditation gehört zum Tagwerk der Karmelitinnen.

Abbildung Seite 110/111: Versunken in die Lektüre Gottes: Benediktiner-Novizinnen beim Stundengebet.

Stille Schwestern suchen ihre Freiheit

Nach mehreren Versuchen habe ich endlich Glück und erhalte einen Gesprächstermin im Karmelitinnen-Kloster in Kirchzarten. Ich erscheine pünktlich und werde in ein Besuchszimmer geführt. Dort stehen ein Tisch und drei Stühle, ein Bücherregal. Eine Wand ist ganz mit dunklem Holz verkleidet. Ich breite meine Unterlagen auf dem Tischchen aus und warte. Plötzlich öffnet sich die Holzwand – zum Vorschein kommt ein großes Gitter, hinter dem die Priorin und eine Mitschwester stehen und mir die Hand entgegenstrecken. Ich bin irritiert, suche eine Lücke zwischen den Gitterstäben. Ich denke an Beichtstühle und schaffe meine Unterlagen auf den schmalen Sims vor dem Gitter. In der nächsten Stunde stoße ich mir ständig die Knie an und übe am Gitter meine Geschicklichkeit: Buch reinstrecken, mit einer Hand festhalten, übergreifen, aufklappen, umblättern ...

Als unser Gespräch beendet ist, kommen die Verwandten einer Schwester ins Besucherzimmer. Genau wie ich werden sie durch das Gitter begrüßt, Händeschütteln – Umarmen ist nicht möglich. Zwei Tage später erfahre ich, daß dies bereits mein letzter Besuch in Kirchzarten war. Der Konvent hat sich mehrheitlich gegen die Gesellschaft einer Fotografin und einer Journalistin ausgesprochen. Als ich diese Geschichte Wochen später in Tübingen anderen Karmelitinnen abends während ihrer Rekreationsstunde erzähle, schaut mich Schwester Terézia-Elisabeth erstaunt und ungläubig an. Sie lebt erst seit einem Jahr im »Karmel«, in einem ungleich moderneren. Doch die älteren Schwestern kennen die Vergitterung noch und auf meine Fragen erzählen sie von wöchentlichen, eigenhändig vorgenommenen Geißelungen, die erst seit dem Konzil verboten sind. Wie konnte sich so eine Regel bis ins 20. Jahrhundert halten? »Die komischen Dinge stehen gar nicht in der Regel«, kommentiert Schwester Anna Maria.

Die Tübinger Karmelitinnen orientieren sich an der Urfassung, ihre geistigen Vorbilder sind Teresa von Avila und Edith Stein – vier Jahrhunderte liegen zwischen diesen beiden Karmelitinnen. »Ich sehe mich in der ›Aussteiger-Tradition‹ und habe unsere Gründung auch so verstanden«, meint Schwester Gabriele.

Stadtkloster: ein Ort der Stille und des Gebetes mitten in einer Universitätsstadt. Das alte Fachwerkhaus, die Wohnstätte der Tübinger Klosterfrauen, ist stets offen für Gläubige, Ratsuchende, Studenten.

Die Tübinger Gründung im Jahre 1978 wurde vom Bischof gefördert. Er hielt es für sinnvoll, daß an einem Ort, wo wissenschaftliche Theologie auf hohem Niveau betrieben werde, auch ein Ort des Gebets entstehe: Schwester Anna Maria, zu jener Zeit Priorin des Kölner Karmels, zog mit fünf Frauen nach Tübingen. Die Diözese stellte ein um die Jahrhundertwende erbautes Fachwerkhaus zur Verfügung, das früher als Priesterkolleg gedient hatte. Die »feinen Herren wurden von Franziskanerinnen bedient«, erzählt Schwester Teresia. Heute ist es ein reines »Frauenhaus«. Die Gemeinschaft ist inzwischen auf zehn Schwestern angewachsen. Die Jüngste ist einunddreißig, die Seniorin siebzig Jahre alt. Die Frauen verstehen sich untereinander sehr gut,

die Art ihres Umgangs ist die von Freundinnen. Mir fällt auf, daß sie sich duzen. »Das ist im Karmel so üblich, wir umarmen uns auch – das ist das spanische Temperament von Teresa.« Teresa hätte es sicher auch gefallen, daß die städtische Schwesterngemeinschaft eine überschaubare Größe hat. Denn sie hatte damals, selbst aus einer Gemeinschaft von mindestens 150 Frauen kommend, die Größe eines Karmelkonvents auf maximal einundzwanzig Mitglieder begrenzt.

Leben zwischen Einsamkeit und Gemeinschaft

Teresa von Avila und Edith Stein – die Tübinger Schwestern halten die Erinnerung an beide Frauen wach. Das Fest der heiligen Teresa feiern sie zusammen mit spanischen Christen aus Tübingen und Umgebung. Am Todestag der jüdischen Karmelitin Edith Stein laden sie zu einer nächtlichen Gebetswache ein, sie erinnern an die Reichspogromnacht, an das Schicksal der Juden im Zweiten Weltkrieg und sie bemühen sich, den Dialog zwischen Juden und Christen zu fördern, suchen nach Gemeinsamkeiten im Glauben. Der Tübinger Karmel ist ein Ort der Begegnung.

Die Klosterfrauen wohnen zwar in einem sehr schönen Haus, dessen äußerer Eindruck jedoch nicht darüber hinwegtäuschen kann, daß sie sehr bescheiden leben. Ihre braunen Wollkleider sind nicht mehr die neuesten, sind mehrfach geflickt. Der Konvent hat nur bescheidene Einkünfte: Neben den Renten von zwei Schwestern erzielen sie geringe Erlöse durch den Verkauf von Büchern, Geschenkkarten und Stolen – ein Freundeskreis unterstützt den Konvent. Die drei Gästezimmer, die fast ständig belegt sind, bringen ein, was der Besucher zu geben bereit ist: Jeder soll es sich leisten können, bei und mit ihnen zu leben.

Als ich sie nach ihrer Ernährung frage, wohl wissend, daß sie strenge Vegetarierinnen sind und erpicht auf Leckerbissen aus der vegetarischen Küche, erfahre ich, daß sie meistens das kochen, was andere ihnen geschenkt haben. Gestern hat ein Bauer Wirsing gebracht, also gibt's heute Wirsing, in Streifen geschnitten, gedünstet und gewürzt – schnörkelloses Kochen ... Beim Einkauf wird auf die Preise geachtet und organischer Abfall wird kompostiert, Aluminium und Glas getrennt. Jede Schwester kocht einmal pro Woche, manche tun's gern, andere weniger – entsprechend fällt das Menü aus. Gegessen wird alles. Die Bescheidenheit reicht bis in den Teller: »Wir sind mit dem zufrieden, was da ist.« Wenn Freunde ein Huhn oder Fisch bringen, gibt's ein Festessen. Im übrigen ist die Kost fleischlos, »alte monastische Tradition«, mehr nicht, keine bewußte Askese. Dennoch sind sich die Schwestern bewußt, daß ihr Verzicht inzwischen geradezu modern ist. Freitag abends gibt's keinen Käse, ein Butterbrot muß genügen.

Entspannung am Abend: Der Tagesablauf der Karmelitin ist streng geregelt. Nach der Handarbeit wird gemeinsam gebetet, danach ziehen sich die Schwestern in ihre Zellen zurück.

Ihr Tag ist ausgefüllt mit Gebet und Arbeit und beginnt früh morgens. Zeit für sich selbst haben sie kaum. Fast nie verlassen sie ihr Haus, es sei denn zum Einkaufen, nie gehen sie in Konzerte, nie ins Kino... Warum entscheiden sich Frauen für ein derartiges Leben? Worin sehen die Tübinger Karmelitinnen ihre Aufgabe als Nonnen? Ihre Ansprüche sind hoch: Ihr kontemplatives Leben soll eine Antwort auf die heutige Zeit sein, sie wollen ein Gegengewicht setzen zu Hetze und Rationalisierung einer technischen Gesellschaft, sie wollen eine Oase der Stille inmitten der Hektik sein, dem Zeitgeist wollen sie widerstehen, sich befreien von der »innerweltlichen Diktatur des Habens und des Etwas-Sein-Wollens« – und sie wollen ihre Erfahrungen weitergeben. Schon Teresa forderte eine Verbindung von Martha und Maria – tätig sein und beten – im kontemplativen Leben. Bewußt leben die Frauen in der Stadt, wo sie den Kontakt zu ihren Mitmenschen haben. »Auch wenn die Menschen unser Leben nicht verstehen, müssen wir es leben«, meint Schwester Teresia.

Sie hat für dieses Leben freiwillig auf eine Karriere als Wissenschaftlerin verzichtet, und, als sie 1953 in den Karmel eintrat, sogar ihre Promotion abgebrochen. »Der Doktortitel ist nicht nötig«, ließ sie die Priorin wissen. Seit 1981 arbeitet Schwester Teresia über Edith Stein und hat inzwischen zahlreiche Bücher über sie geschrieben.

Vorher hat die studierte Philologin, Germanistin und Historikerin Handarbeiten gemacht...

Schwester Anna Maria war Chefsekretärin und auf der Suche nach einem »wesentlicheren Leben«. »Es mußte eine Änderung geben«, also hat sie sich über soziale Berufe, über Entwicklungshilfe, informiert. Daß der Karmelorden eine Möglichkeit für sie sein könnte, hat sie zuerst »ziemlich geschockt«. Als sie 1963 im Alter von sechsundzwanzig Jahren eintrat, war ihre Unruhe weg, »es hat gestimmt«.

Schwester Gabriele war Theologin, hatte einen Freund und wollte heiraten. Doch sie war schon lange »berührt von der Armut und dem Elend in der Welt« und wollte schließlich in die Entwicklungshilfe gehen oder in den Busch nach Afrika. Nachdem sie sieben Wochen bei Missionaren in Südamerika gelebt hatte, mußte sie feststellen, daß sie physisch zu schwach dafür war. 1982 trat sie in den Tübinger Karmel ein. Sie ist überzeugt, daß ihr Schweigen und Beten über die Gemeinschaft hinauswirkt.

Sind dies ausreichende Begründungen für den Verzicht auf einen Beruf und auf die Selbstverwirklichung als Frau? Woher nehmen sie die Kraft für ein derartiges Leben? Für die Frauen ist die Antwort auf die letzte Frage einfach: aus dem Gebet, den fünf Stundengebeten und vor allem aus dem stillen Beten. Zwei Stunden am Tag widmen sie der Meditation. Eine Stunde davon verbringen sie gemeinsam in ihrem Meditationsraum. Reglos und mit geschlossenen Augen verharren sie im Bodensitz oder auf einem Meditationsstuhl. Mir tun nach fünfzehn Minuten die Beine weh, alle möglichen Gedanken gehen mir durch den Kopf. Die Übung macht's wohl...

Gelegenheit zum Üben geben die Schwestern, nachdem sie oft danach gefragt wurden, auch Außenstehenden: Mittwoch abends meditieren sie gemeinsam mit Besuchern unter Anleitung einer Schwester in der kleinen Kirche. Heute kommen rund zwanzig überwiegend junge Leute. Aus einer Kiste nimmt sich jeder einen Teppich, manche auch noch einen Meditationsschemel mit nach vorn in den Altarraum. Dort lassen sie sich auf dem Boden nieder und warten ab, was die Schwestern tun.

Ruheräume: Sie finden sich überall im Haus, und sei es auf der Treppe.

Frauen unter sich: Die Karmelitinnen der Tübinger Wohngemeinschaft verstehen sich prächtig.

Heute übernimmt Schwester Gabriele die Anleitung zur Meditation: »Setzen Sie sich bequem hin, entspannen Sie die Muskeln von Armen, Schultern, Kopf, Nacken, schauen Sie mit geöffneten Augen schräg nach unten.« Danach trägt sie eine als Meditationshilfe gedachte Gebetszeile vor und schlägt einen Gong an. Erst eine Stunde später wird dieser Ton uns wieder in die Gegenwart zurückrufen – bis dahin ist außer gleichmäßigen Atemgeräuschen nichts zu hören.

Die Nonnen wissen, daß der Wunsch nach einem Leben zwischen Einsamkeit und Gemeinschaft die Sehnsucht vieler Menschen ist. Sie lassen andere teilhaben an ihrem Leben und praktizieren so das, was die Kirche im Zweiten Vatikanischen Konzil von den Orden

Laß
sie nicht
allein
SONNTAG

Einfachheit ist Trumpf: Das Mahl ist bescheiden und vegetarisch, einzige Dekoration im Speiseraum sind ein Kreuz und ein Bild von Edith Stein.

verlangte: Impulse nach außen geben, Mitmenschen hinführen zu Gebet und Meditation, ein Zeugnis schwesterlichen Zusammenlebens und der Offenheit geben. Dennoch hatten gerade sie Schwierigkeiten mit der Kirche: Wegen ihrer fortschrittlichen Ideen wurden sie mehrfach denunziert. Beim Bischof sollten sie sich entschuldigen. Doch die Zeiten, in denen die Nonnen den männlichen Ordensbrüdern vor lauter Ergebenheit das Skapulier geküßt haben, sind vorbei. Sie fordern dieselben Rechte, wie sie ihre männlichen Kollegen längst haben. »Wenn die Männer zu einem Vortrag wollen, gehen sie einfach. Wir müssen den Bischof fragen.« ... »Die Männer tragen auch keinen Habit« – sie können, wenn sie wollen, auch Zivil tragen, die Frauen müssen sich wie vor 400 Jahren mit Skapulier und Schleier verhüllen. Die Tübinger Schwestern begrüßen die Reformansätze des Konzils, und sie sind nicht bereit, bereits Erkämpftes wieder aufzugeben. »Das ist zementiertes Mittelalter«, kommentiert Schwester Anna Maria einen Entwurf Roms zur Ordensreform der Karmeliter. Dieser stammt aus dem Jahre 1987 (!) und beinhaltet Vorschriften zur Überwachung des Briefverkehrs, zur Unterbindung freundschaftlicher Kontakte zwischen den Ordensfrauen. Er fordert die Einschränkung des Gebrauchs

von Telefon, Radio, das Verbot der Fernsehnutzung, die Beibehaltung der Vergitterung; die männlichen Geistlichen sollen auch in Kleinigkeiten die Oberaufsicht haben. Der Entwurf lese sich wie die »Gesetzgebung zum Schutze Minderjähriger«, heißt es in einer Stellungnahme des Ordens. Etwa achtzig Prozent der 13 000 Unbeschuhten Karmelitinnen lehnen die neu erarbeitete Ordensregel als zu streng und anachronistisch ab. Rom droht Unbeugsamen jedoch mit der Entlassung aus dem Orden.

»Wir bräuchten Juristinnen und Kirchenrechtlerinnen, um unsere Rechte besser vertreten zu können. Wir wollen selbstbestimmt entscheiden und leben«, sagen die streitbaren Schwestern. Die zehn Frauen sind sich einig, daß sie so schnell nicht aufgeben, zumal sie sich in der Tradition unbeugsamer Ordensfrauen sehen. »Frühere Feministinnen sind auch ins Kloster gegangen. Denken Sie nur an Teresa oder Hildegard von Bingen, an Caterina von Siena.«

»Mittelmäßigkeit, Ängstlichkeit und geistige Trägheit passen kaum zur Nachfolge Christi«, meint Schwester Teresia. Gemeinsam träumen die Frauen ihre Klosterutopie: Das Gebet, die Zeiten der Stille und die Meditationsübungen würden sie behalten wollen – über alles andere müßte nachgedacht werden; jedes Erstarren in Formalismen müßte vermieden werden – neue Impulse wollen sie der Kirche geben.

Das Kloster der Zukunft sollte für Gläubige und Ungläubige gleichermaßen offen sein. Der Name Taizé, die gelebte Klosterutopie des Roger Schutz, fällt immer wieder in diesem Zusammenhang. In Taizé leben seit beinahe vierzig Jahren Brüder unterschiedlicher Konfessionen in einer Gemeinschaft zusammen. Ähnlich den alten Mönchsgemeinschaften verpflichten sich ihre Mitglieder zu »Gütergemeinschaft, Zölibat und Anerkennung einer Autorität«. Doch sind diese Gelübde, genauso wie die Regel, die Resultate gelebter Erfahrungen und nicht etwa Reformversuche einer alten, bereits bestehenden Regel.

Die Regel der Communauté von Taizé beschränkt sich auf das Wesentliche, der Rest besteht in Anpassung an die jeweiligen Verhältnisse. Ebenso hat die ökumenische, keiner Kirche unterstellte – ergo autonome – Gemeinschaft keine festgelegte, formulierte Theologie; auch sie ist ständig im Werden. »Sich konsequent für die kommende Einheit (der Kirche) einzusetzen,« schreibt Bruder Max, »bedeutet, aus der Haltung des geistlichen Ökumenismus zu leben, im Warten auf die Einheit, wie und wann Gott selber sie will.«

Diese Freiheit im theologischen Denken zieht vor allem Jugendliche an, die in Scharen in das burgundische Dorf strömen. Und diesen Geist der Freiheit, der sich laut erstem Korintherbrief dort findet, wo der Geist des Herrn ist, habe ich auch in Tübingen gefunden.

Ich war in ein kontemplatives Kloster mit strenger Klausur gekommen und habe mich zu meinem Erstaunen in einer Art christlicher Frauen-WG wiedergefunden. Teresa und Edith hätten sich wohlgefühlt, denn hier haben sich wenige, aber Gleichgesinnte, zusammengefunden und sich untereinander und nach außen geöffnet, ohne das tragende monastische Element von Einsamkeit und Stille aufgegeben zu haben.

Beim Abschied umarmen wir uns.

Wie oft schon hatte ich bei anderen Ordensfrauen das Gefühl, daß sie das auch gerne getan hätten – sie haben sich nicht getraut oder sich nicht trauen dürfen.

Handarbeiten für den Lebensunterhalt: Schwester Miriam-Celine marmoriert Stoffe und näht Kuscheltiere für Kinder – das Lachen hat sie in ihrem fünfzigjährigen Klosterleben nicht verlernt.

Der teresianische Karmel

Karmel heißt Baumgarten, und Karmel ist auch der Name eines Bergzuges im Nordwesten Israels, der mit Fichten, Eichen, Lorbeer und Ölbäumen bewachsen ist. Angeblich waren auf diesem Berg die Propheten Elias und Elisäus tätig und vermutlich lebten dort schon in den ersten christlichen Jahrhunderten Einsiedler. Sicher ist, daß sich im 6. Jahrhundert griechische Mönche auf dem Berg Karmel niederließen.

Als das Eremitentum im 11. und 12. Jahrhundert seinen Aufschwung erlebte, führten fränkische Siedler in der Einöde ein Einsiedlerdasein. Die Gemeinschaft nannte sich »Brüder vom Berg Karmel« und gab sich eine ihrem Leben angepaßte Regel. Als um das Jahr 1240 die Sarazenen einfielen, wanderten die Karmeliten nach Europa aus, nach England, Frankreich, Sizilien, Flandern, Deutschland. Im 14. und 15. Jahrhundert milderten die Mönche ihre Regel mit Zustimmung des Papstes ab. Daraufhin gab es etliche Reformversuche, die aber ohne nachhaltigen Erfolg blieben.

Jedoch: »Die Wege Gottes sind wunderbar. Gott wollte durch ein schwaches Weib zur Vollendung bringen, was tatkräftige Männer angestrebt, aber nicht erreicht hatten«, schreibt Max Heimbucher. Dieses »Weib« war Teresa von Avila.

Teresa de Ahumada wurde am 28. März 1515 als Tochter eines Adligen in Avila, Alt-Kastilien, geboren. Ihr Großvater war ein jüdischer Konvertit. Als Teresa mit zwölf Jahren ihre Mutter verlor, brachte sie der Vater in das Augustinerinnenkloster im Ort. 1535 trat Teresa ohne innere Überzeugung in das »Karmelitinnenkloster von der Menschenwerdung in Avila« ein und legte ein Jahr später die Gelübde ab. Über ihren Eintritt in den Orden schreibt sie in ihrer Autobiographie: »Ich kam zu dem Entschluß, mir selbst Gewalt anzutun ... und Nonne zu werden.« Und fünfundzwanzig Jahre später: »Ich glaube, der Tod konnte nicht furchtbarer sein für mich ...« Jahrelang schwankte sie zwischen einem weltlichen Leben und geistlicher Berufung. Die Nonne, die »nach Leben verlangte«, verließ häufig das Kloster, um in der Stadt Menschen zu treffen. Ihre Unsicherheit über das gewählte Leben machte Teresa häufig krank, drei Jahre lang war sie gelähmt. 1556, Teresa war bereits einundvierzig Jahre alt, wies Gott ihr den zukünftigen Weg. In einer Vision hörte sie ihn sagen: »Ich will nicht mehr, daß du dich mit Menschen unterhältst. In Zukunft sollst du dich mit Engeln unterhalten.« Danach hatte sie regelmäßig Visionen und nicht nur das: In mystischer Trance durchbrach sie angeblich die Gesetze der Schwerkraft und schwebte, wie Mitschwestern bezeugten, in der Luft. »Ich wenigstens war so bei mir, daß ich deutlich sah, wie ich emporgehoben ward«, schreibt sie. Wie die Schüler von Castanedas Don Juan schwebten auch Ignatius von Loyola und der heilige Franz von Assisi, der dabei sogar die Höhe einer Buche erreicht haben soll.

Teresa, die Spätberufene, die, wie sie selbst schreibt, von schwacher Vorstellungskraft war und Ritterromanzen verschlang, wurde zur »größten katholischen Mystikerin« und zur Verfasserin von Minnegedichten. »Welch ein Glück, Geliebter mein, ganz vereint mit dir zu sein.« Nun gut, sie hat auch Gehaltvolleres geschrieben, etwa die »Seelenburg«, in der sie den Aufstieg eines Menschen zur mystischen Vermählung in den berühmten sieben Stufen beschreibt.

Die adlige Nonne, die früher das vornehme, lockere Ordensleben genossen oder zumindest genutzt hatte, kritisierte es nun und wurde zur Reformerin des Karmeliterordens. Unterstützt von einigen Gleichgesinnten und von Jesuiten, entwickelte sie ihre Reformideen. Schließlich erhielt sie im Juni 1562 von Rom die Erlaubnis zur Reform. Mit Unterstützung einer reichen Witwe kaufte sie ein Haus, das sie im August 1562 mit ihren Anhängerinnen bezog. In ihrem Kloster »San José« lebten die Frauen äußerst ärmlich. Sie trugen rauhe Gewänder, gingen barfuß – daher der Name »Unbeschuhte« –, Essen bekamen sie von Leuten in der Stadt. Die Ordensfrauen lebten nach der strengen Regel der Karmelitinnen und Teresa fügte noch einige Verschärfungen hinzu. Ein Brett war ihre Lagerstätte, die Decke aus Stroh, sie verzichteten völlig auf Fleisch und hielten sich streng an die Fastenregeln, dreimal pro Woche geißelten sie sich selbst »für die Ausbreitung des Glaubens, für die Wohltäter, für die Seelen im Fegefeuer«. »Immer leiden und dann sterben!« rief Teresa.

Teresa gründete selbst insgesamt siebzehn Frauenklöster. Zu diesem Zweck unternahm sie beschwerliche Reisen in Ochsenkarren, und häufig besetzte sie die als Kloster auserwählten Häuser bei Nacht, heimlich. Müßig zu sagen, daß sich Teresa durch ihre Gegner nicht aufhalten ließ. Im Gegenteil, sie machte sich daran, auch noch den Männerorden zu reformieren. In Johannes vom Kreuz fand sie einen idealen Verbündeten. Der sensible und eifrige Asket, der sich zum Märtyrer berufen sah, wohnte in einer engen finsteren Dachzelle, die er mit Kreuzen und Totenschädeln schmückte, und schlief in einem hölzernen Trog. Da traf er Teresa – die beiden gründeten fünfzehn Männerklöster. Die Proteste gegen die Reformer wurden unterdessen immer massiver, Teresa wurde mehrfach zur Zielscheibe der Inquisition. Johannes vom Kreuz wurde schließlich in ein Kerkerloch im Karmeliterkloster in Toledo gesteckt und Teresa erhielt die Auflage, ihr Kloster nicht mehr zu verlassen. Erst im Juni 1580 erlaubte der Papst, nach Vermittlung von König Philipp II., daß die Klöster Teresas eine eigene Ordensprovinz bildeten. Diese Trennung in Beschuhte und Unbeschuhte Karmeliten existiert noch heute.

Teresa starb am 4. Oktober 1582, die Seligsprechung erfolgte 1614, die Heiligsprechung 1622. 1970 »erhob« der Papst Teresa zur Kirchenlehrerin.

Edith Stein: Philosophin und Märtyrerin

Fast 400 Jahre später liest eine gebildete Frau, Philosophin und Atheistin, die Autobiographie der Teresa von Avila und ist überzeugt: »Das ist die Wahrheit.« Dr. phil. Edith Stein, damals dreißig Jahre alt, läßt sich taufen. Am liebsten wäre sie gleich in den Karmel eingetreten. Doch aus Rücksicht auf ihre gläubige jüdische Mutter wartet sie und nimmt eine Stelle am Lehrerinneninstitut der Dominikanerinnen in Speyer an, später folgt sie einem Ruf nach Münster. Doch privat legt sie die Gelübde ab, und als sie 1933 im Alter von zweiundvierzig Jahren in den Karmel in Köln eintritt, bekennt sie: »Ich habe in der Welt gelebt wie eine Karmelitin.« 1917 hatte sie noch über den Typ des »Homo religiosus« geschrieben, der ihr wesensfremd sei und den sie verstehe, obwohl das, was ihr dort neu entgegentrete, immer unerfüllt bleiben werde.

Warum ist diese kluge, kritische und in der Phänomenologie des Philosophen Husserl geschulte Frau ausgerechnet in den Karmel eingetreten? Ihr, die größten Wert auf Sachlichkeit legte und die von »heiliger Sachlichkeit« und »Sachgehorsam« sprach, gefiel die Kürze und Harmonie der Regel und ihre Beschränkung auf das Wesentliche bei einem Leben in Armut. »Es tut . . . gut, in einer Welt zu sein, wo man von all den wüsten Kämpfen draußen gar nichts merkt« und »ich bin die meiste Zeit meines Lebens viel einsamer gewesen als hier. Ich vermisse nichts, was draußen ist«, schreibt sie in Briefen aus dem Kloster. Dabei hätte sie »draußen« Karriere machen können. Doch darum ging es ihr nicht. Sie suchte nach Wahrheit und fand sie schließlich bei Gott. Dennoch setzt sie ihre wissenschaftliche Arbeit auch im Kloster fort. Sie arbeitet über den heiligen Thomas von Aquin und den heiligen Johannes vom Kreuz und beschäftigt sich mit der Rolle der Frau in der Kirche. Schon früher hatte sie Vorträge über die Aufgabe der Frau in der Gesellschaft, über Frauenbildung und -erziehung gehalten. Edith Stein kam aus der liberalen Frauenbewegung und war eine Vordenkerin für die Gleichberechtigung der Frau in Partnerschaft und Beruf: »Keine Frau ist ja nur Frau. Jede hat ihre individuelle Eigenart und Anlage so gut wie der Mann und in dieser Anlage die Befähigung zu dieser oder jener Berufstätigkeit künstlerischer, wissenschaftlicher, technischer Art. Prinzipiell kann die individuelle Anlage auf jedes beliebige Sachgebiet hinweisen, auch auf solche, die der weiblichen Eigenart fernliegen.«

In der gleichen 1928 bis 1930 verfaßten Arbeit »Die Frau« schreibt sie: »Sich liebend hinzugeben, ganz eines anderen Eigentum zu werden und diesen anderen ganz zu besitzen, ist tiefstes Verlangen des weiblichen Herzens.« Ein Widerspruch? Vor ihrer Konversion zum Christentum hatte die jüdische Atheistin noch die Hoffnung »auf eine große Liebe und glückliche Ehe im Herzen«. Später sieht sie ihre Bestimmung in der Kirche und kritisiert dort die mangelhafte Partnerschaft und Gleichstellung zwischen Frauen und Männern. Die vollständige Hingabe, die Edith Stein beschreibt, darf allerdings nie einem Menschen sondern nur Gott gegenüber erfolgen. Feminismus und Gläubigkeit sind kein Gegensatz für sie. Wie Teresa von Avila fordert sie neben dem kontemplativen Leben die Auseinandersetzung mit der Welt und das Wirken der Ordensfrauen nach außen. Sie wünscht, daß die Frau in Lehre, Seelsorge und Caritas mitverantwortlich in der Kirche wird und hofft auf ein Umdenken der Theologen.

Die vollständige Hingabe an Gott ist für Edith Stein die Bedingung für eine mystische Vereinigung, die »Vermählung« mit Gott. Um sie zu erreichen, bemüht sich die Wissenschaftlerin mit »allen Kräften, leer zu sein, die Sinne abgetötet, das Gedächtnis frei von Bildern dieser Welt und durch die Hoffnung auf den Himmel gerichtet.« Wie der heilige Johannes vom Kreuz lehrte, verlangt auch sie die bewußte Hinnahme von Leid. Bei ihrem Klostereintritt bittet sie um den Ordensnamen Teresa Benedicta vom Kreuz. Sie war »zum Kreuztragen bereit«, aber worin es bestehen sollte, wußte sie noch nicht. Nach der Reichspogromnacht 1939 übergibt sie den Ordensoberen ein Dokument, in dem sie Gott ihr Leben anbietet, um das »Unheil des Krieges und die sinnlose Judenvernichtung abzuwenden.« Bald danach flüchtet sie nach Holland, um die Kölner Gemeinschaft nicht zu belasten. Als sie 1942 in Holland von der SS verhaftet wird, sagt sie zu ihrer Schwester Rosa: »Komm, wir gehen für unser Volk.« Rosa und Edith Stein werden am 9. August 1942 in Auschwitz vergast.

Am 1. Mai 1987 spricht der Papst Edith Stein als »Märtyrerin unserer Zeit«, als »Zeugin aus Liebe«, selig.

Edith Stein: von der Philosophin zur Nonne. Der Tübinger Karmel führt ein umfangreiches Edith-Stein-Archiv. Darunter finden sich auch Kostbarkeiten: das Original eines handgeschriebenen Briefes.

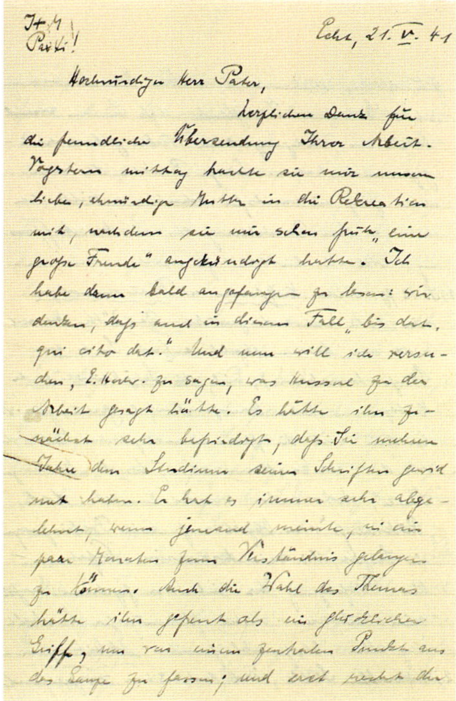

J+M
Pax!

Echt, 21. V. 41

Hochwürdiger Herr Pater,

herzlichen Dank für die freundliche Übersendung Ihrer Arbeit. Vorgestern mittag hatte sie mir unsere liebe, ehrwürdige Mutter in die Rekreation mit, nachdem sie mir schon früh „eine große Freude" angekündigt hatte. Ich habe dann bald angefangen zu lesen: wir denken, daß auch in diesem Fall „bis dat, qui cito dat." Und nun will ich versuchen, E. Hochw. zu sagen, was Husserl zu der Arbeit gesagt hätte. Es hätte ihn zunächst sehr befriedigt, daß Sie mehrere Jahre dem Studium seiner Schriften gewidmet haben. Er hat es immer sehr abgelehnt, wenn jemand meinte, in ein paar Wochen zum Verständnis gelangen zu können. Auch die Wahl des Themas hätte ihn gefreut als ein glücklicher Griff, um von einem zentralen Punkt aus das Ganze zu fassen; und zwar [illegible]

Kloster für alle:

»Tag und Nacht im Gesetze des Herrn betrachten und im Gebete wachen« – so heißt der Kernsatz der ursprünglichen Karmelitenregel. Der Karmel als kontemplativer Orden sieht seine zentrale Lebensaufgabe im Gebet.

Im »fürbittenden« Gebet tragen die Karmelitinnen die Anliegen der Kirche und der Welt von heute vor Gott. Durch ihren betenden Dienst nehmen sie teil an den Sorgen und Leiden unserer Zeit.

Die Lebensordnung der Gemeinschaft ist geprägt von einer Atmosphäre der Stille und des Schweigens. Eucharistiefeier, zwei Stunden Meditation, gemeinsames Stundengebet, Arbeit für den Lebensunterhalt in Werkstätten, Haus und Garten, und eine gemeinsame Erholungsstunde sind wesentliche Elemente des Tages. Die Karmelitinnen leben in selbständigen Gemeinschaften. Die begrenzte Zahl von einundzwanzig bis fünfundzwanzig Schwestern ermöglicht die für den Karmel charakteristische Ausgewogenheit von Einsamkeit und intensivem Gemeinschaftsleben.

Der Karmelitinnenorden ist mit weltweit rund 13000 Schwestern der größte kontemplative Frauenorden. In Deutschland gibt es gegenwärtig neunzehn Klöster.

Karmelitinnen

Konvent Tübingen

Die Tübinger Karmelitinnen laden ein zu gemeinsamer Meditation und Eucharistiefeier in ihrer kleinen Kapelle. Darüber hinaus stehen zwei Gästezimmer zur Verfügung.

Edith-Stein-Karmel
Neckarhalde 64
7400 Tübingen 1
Telefon: (07071) 43134

Konvent Köln

Der im Jahre 1637 gegründete Kölner Karmel ist das älteste der deutschen Karmelitinnenklöster.
Frauen, die sich ernsthaft für das Klosterleben interessieren, können für kurze Zeit in der Klausur mitleben.

Karmel »Maria vom Frieden«
Vor den Siebenburgen 6
5000 Köln 1
Telefon: (0221) 311637

Konvent Dachau

Der Karmel Heilig Blut, Dachau, wurde 1964 auf dem Gelände des ehemaligen Konzentrationslagers gegründet. »Die Intention der Gründerin Mutter Maria Theresia von der gekreuzigten Liebe war es, diesen Ort einstigen Grauens zu einer Stätte des Opferns und des Gebetes zu machen und gerade hier ein lebendiges Zeichen der Hoffnung aufzurichten«, so schreiben die Schwestern über ihren Konvent.

Karmel Heilig Blut
Alte Römerstraße 91
8060 Dachau
Telefon: (08131) 14360

Konvent Vilsbiburg
Möglichkeiten zum Kennenlernen, auch »Kloster auf Zeit«, bietet der Konvent Vilsbiburg.

Karmelitinnenkloster
Mariahilfkirchenweg 8
8313 Vilsbiburg
Telefon: (08741) 1848

Konvent Kirchzarten
Die Möglichkeit für stille Tage im Kloster, für Gespräche und die Teilnahme am Stundengebet gibt es hier nach Absprache.

Karmelitinnenkloster
Dietenbacher Straße 40
7815 Kirchzarten
Telefon: (07661) 4038

KARMELITEN

Karmeliten
In Deutschland gibt es heute sieben Niederlassungen des männlichen Zweiges der Unbeschuhten Karmeliter. Zwei davon bieten ständig die Möglichkeit, für einige Tage im Kloster mitzuleben.

Ausbildungshaus
Karmelitenkloster
Sanderstraße 12
8700 Würzburg
Telefon: (0931) 52214

Karmelitenkloster
Mariahilfberg
8430 Neumarkt
Telefon: (09181) 32688

Keine Reform ohne Ketzer: Kurze Ordensgeschichte nach Benedikt

Bis einschließlich des 12. Jahrhunderts hatte die Regel Benedikts das Ordensleben bestimmt, an das Benediktinische Zeitalter hatte sich das Jahrhundert des heiligen Bernhard angeschlossen. Das religiöse 13. Jahrhundert wurde geprägt durch drei neue Orden: die Dominikaner, die Franziskaner und die Karmeliter. Alle drei waren Bettelorden – Ausdruck für die damalige kirchlich-religiöse Situation, die in der Armut ein zentrales Element für die Christusnachfolge sah. Mitte des 13. Jahrhunderts gab es über 80 000 Bettelmönche. Doch die Gründung eines neuen Ordens war zunächst immer ein Risiko, denn erst die Bestätigung der Lebensregeln durch den jeweiligen Papst gab den Mitgliedern der neuen Gemeinschaft die kirchliche Anerkennung, damit die Befreiung vom Vorwurf der Ketzerei und die Möglichkeit zur Ausbreitung. Dasselbe galt für freie, nicht an eine bestimmte Regel gebundene Frauengemeinschaften. Auch sie waren häresieverdächtig, solange sie sich nicht an einen bestehenden Orden angeschlossen hatten. Im 13. Jahrhundert waren dies vor allem die Bettelorden, die zunächst als »unmonastisch« gegolten hatten. Neu an ihnen war, daß sie keinen festen Standort hatten, Besitz ablehnten, dagegen apostolische Tätigkeiten und die Pflege der Theologie, die bisher Aufgaben des Klerus waren, übernommen hatten.

Mit der Zeit hatten aber auch die Bettelorden Besitztümer angesammelt, was zum sogenannten »Armutsstreit« führte. Vor allem Dominikaner und Franziskaner zankten sich darüber, ob Jesus und die Apostel Eigentum besessen hätten oder nicht. Der Avignon-Papst Johannes XXII. bejahte die Frage und verurteilte die Behauptung der absoluten Besitzlosigkeit Christi und der Apostel als Irrlehre. Die Franziskaner beschuldigten ihrerseits den Papst der Häresie und stellten sich auf die Seite des Bayernkönigs Ludwig. Die Ordenseinheit zerbrach, ein Papstschisma war die Folge. Nun gab es zwei Päpste, einen in Avignon und einen in Rom, später kam noch ein dritter hinzu. Erst das Konstanzer Konzil (1414 bis 1418) brachte die Klärung, als sämtliche Päpste abgesetzt und ein neuer gewählt wurde. Nicht umsonst bezeichnet der Kulturhistoriker Huizinga das 14. und das 15. Jahrhundert als den »Herbst des Mittelalters«. Während die Welt sich zunehmend von der Kirche abwandte, entwickelten einzelne Ordensmänner und -frauen gerade in dieser Zeit eine glühende Frömmigkeit, die sich in mystischen Texten niederschlug. Zu diesen Mystikern des 14. Jahrhunderts zählen Johannes Tauler, Meister Eckhart, Heinrich Seuse, Caterina von Siena, Brigitte von Schweden. Und es war die Zeit, in der »Irrlehren« massiv bekämpft wurden, hartnäkkige Häretiker verbrannt wurden: 1415 der Prager Professor Jan Hus, 1429 Jeanne d'Arc, um nur zwei zu nennen. Für die Orden war es eine Zeit des Zerfalls und der Reform, das Milieu war alles andere als klosterfreundlich, das Ordensleben wurde zum ersten Mal in Frage gestellt. Als der ehemalige Augustinermönch Martin Luther (1483 bis

1546) im Jahre 1517 seine »Ablaßthesen« veröffentlichte, fand er zahllose Anhänger. In seinen programmatischen Schriften von 1520 lehnte er das Ordensleben radikal ab und stellte die »evangelische Freiheit« und das persönliche Gewissen über das Gelübde. Ziel der Reformatoren war die Auflösung des Mönchsstandes. Die setzte dann auch massenhaft ein, war aber eigentlich das Werk der protestantisch gewordenen Landesherren. In weiten Teilen Deutschlands wurden die Klöster aufgelöst, wenige Frauenklöster lebten als »Damenstifte« weiter. Die Reformation erfaßte auch die übrigen Länder Europas. In England kam es unter Heinrich VIII. zur vollständigen Auflösung der Klöster. Insgesamt sank die Zahl der Ordensleute auf etwa die Hälfte. Reformen der noch bestehenden Orden und Neugründungen waren die Folge. Ignatius von Loyola gründete den Jesuitenorden, der 1540 vom Papst als »Gesellschaft Jesu« bestätigt wurde. Die engagierten Verteidiger des Papsttums zeichneten sich durch große Frömmigkeit aus, manifestiert in ihrer Exerzitienpraxis. Predigt, Unterricht und karitative Werke bestimmten ihr Leben. Erste Tätigkeitsfelder waren Italien und Spanien, bald folgte Frankreich, dann Deutschland. Teresa von Avila unterhielt lange Zeit beste Kontakte zu den Jesuiten. Sie erneuerte im Zeitalter der Gegenreformation den Karmeliterorden.

Im 17. Jahrhundert entstand ein Orden, der wegweisend für die modernen karitativen Gemeinschaften wurde. Doch die Ordensgründer, Vinzenz von Paul (1581 bis 1660) und Louise de Marillac (1591 bis 1660) mußten lange um die kirchliche Anerkennung für ihre »Barmherzigen Schwestern« kämpfen. Sie wollten auf die soziale und seelische Not ihrer Zeit eine christliche Antwort geben, die aber ein Leben in Klausur nicht ermöglichte. Die Barmherzigen Schwestern gingen gekleidet wie Landfrauen auf die Straßen, in die Elendsquartiere, in die Krankenhäuser und Strafanstalten. Ihr Kloster sollte das Haus der Kranken sein, die Pfarrkirche ihre Kapelle, die Straße der Kreuzgang, der Gehorsam sollte die Klausur, die Gottesfurcht das Sprechzimmergitter ersetzen und die Bescheidenheit den Schleier. Es waren revolutionäre Ideen, die erst acht Jahre nach dem Tod der beiden Gründer vom Papst gutgeheißen wurden.

Ein Reliquienbild aus dem frühen 18. Jahrhundert, das Miniaturgemälde zeigt den heiligen Dominikus.

Die herausragende Stellung unter den Orden hatten im 17. und 18. Jahrhundert die Jesuiten. Im Jahrhundert der Aufklärung wurde deshalb zunächst ihnen der Kampf angesagt, der eigentlich dem Papsttum, der Kirche, dem Glauben und dem Ordensleben insgesamt galt. Doch zunächst sollten die Jesuiten beseitigt werden. Nach massivem Druck löste Papst Clemens XIV. im Jahre 1773 den Orden auf.

Damit begann ein allgemeiner Auflösungsprozeß des Mönchtums, der sich in der Säkularisation der Klöster und Orden niederschlug. Das »Pathos der Aufklärung« und eine allgemeine antikirchliche Haltung verbanden sich mit handfesten materiellen Interessen der Fürstenhäuser. Der »Klostersturm« traf zunächst die Bettelorden,

Bücher haben einen besonderen Bezug zum Kloster: Im Mittelalter waren es die Mönche, die alle Kultur schriftlich überlieferten, die Bibliotheken der Klöster waren Zentren der Geschichte. Und manchmal sogar Orte dramatischer Erlebnisse, wie es Umberto Eco in seinem Roman »Der Name der Rose« beschreibt. Die Kartäuser vor allem bewahrten auch reiche Schätze an meist unbekannten Schriften mystischen Inhalts, die Beschreibungen von Gotteserlebnissen, die den heutigen Leser völlig phantastisch anmuten.

die Franziskaner und die Kapuziner, und endete bei den Benediktinern. Der Beginn des 19. Jahrhunderts markiert den absoluten Tiefpunkt des Ordenslebens in ganz Europa.

Die antiklerikale Stimmung hielt über dreißig Jahre an. Erst danach setzte eine allgemeine Wiederbelebung der Orden ein, die vor allem durch die Gründung weiblicher Ordensgemeinschaften bestimmt war. In ihnen verbanden sich traditionelle Formen des Ordenslebens mit öffentlicher karitativ-sozialer Tätigkeit. Frauen der damaligen Zeit fanden dort Sicherheit und Schutz – eine Parallelentwicklung zum Mittelalter. Darüber hinaus boten sie Frauen aus bescheidenen Verhältnissen die Möglichkeit zu geachteten öffentlichen Tätigkeiten in Fürsorge und Unterricht. Den gleichen Weg verfolgten die evangelischen Diakonissen-Vereinigungen.

Deutliches Zeichen kirchlicher Restauration im 19. Jahrhundert war die Wiedererrichtung der »Gesellschaft Jesu« durch Pius VII. im Jahre 1814. Der Orden bestimmte sich erneut zum Instrument der päpstlichen Theologie und Kirchenpolitik und nahm die alten Tätigkeitsbereiche wieder auf: Schule, Mission, Exerzitien. Andere Orden waren wieder gewachsen, zahllose neue gegründet worden, Mönchtum und Ordensleben nahmen einen gewaltigen Aufschwung.

Und der Trend setzte sich fort, ab 1900 stieg die Zahl der Ordensleute ständig an. Deutschland hatte 1935 den höchsten Stand

an Ordensfrauen, rund 95 000, hinzu kamen 7500 Novizinnen. Seither sind die Zahlen rückläufig. 1987 gab es in der Bundesrepublik rund 46 000 Ordensfrauen, davon lebten knapp 2000 in kontemplativen Orden. Bei den Männern sind die Zahlen noch bescheidener: 1987 zählte man 4800 Priester und 2500 Brüder. Fast alle Ordensgemeinschaften sind überaltert und von Nachwuchssorgen geplagt, für viele geht es ums Überleben. Der Historiker Karl Suso Frank schreibt von dem »seit der Reformationszeit größten Prozeß einer Selbstauflösung der Klöster und Ordensgemeinschaften«.

Krankenpflege und Unterricht sind nicht mehr die einzigen Aufgabenschwerpunkte der Orden, nach neuen Aufgaben wird noch gesucht. Unterdessen entstehen neue Gemeinschaften, die traditionelle Elemente übernehmen und neue – etwa östliche – Meditationspraktiken hinzufügen. Sogar die kontemplativen Orden wagen derartige Versuche, bieten »Kloster auf Zeit«, öffnen ihre Häuser. Doch die ideale Synthese zwischen überliefertem klösterlichem Leben und neuen Formen ist noch nicht gefunden. Vielleicht liegt es an der Zeit, am (Ver)Zweifeln der heutigen Menschen an der Kirche, vielleicht fehlen die geeigneten Reformatoren. Teilhard de Chardin hat schon 1921 vergeblich von einem neuen Franziskus oder einem neuen Ignatius geträumt.

DIE DOMINIKANERINNEN VOM BODENSEE

Wir stehen vor der Klosterpforte, einer schön geschnitzten Holztüre – der einzigen Öffnung in der gelb gestrichenen Mauer. Die Tür ist nur angelehnt. Wir betreten einen kleinen, gepflasterten Innenhof und finden eine zweite, offene Tür. Die dritte ist verschlossen, doch neben ihr befindet sich ein Glockenzug, Obdachlose der Stadt erhalten auf ein Klingelzeichen Brot. Wir werden in den Kreuzganggarten geführt und sind erneut fasziniert von der Stille hinter den Klostermauern.

»Ich könnte nie im Kloster leben«, gesteht die Priorin des Dominikanerinnen-Konvents in unserem ersten Gespräch. Wie bitte? »Wir sind nur dritter Orden, wir leben nicht beschaulich, sondern sind apostolisch tätig«, erklärt sie mir. Um apostolisch wirken zu können, müssen die Ordensfrauen in Kontakt mit ihrer Umwelt treten. Konkret heißt das, daß sie mindestens soviel arbeiten wie beten – im Garten, in der Küche, in der Schule. Aber das machen die Benediktinerinnen – als beschaulich, kontemplativ eingestufter zweiter Orden – auch. Die Unterschiede zwischen den Dominikanerinnen von Zoffingen und den Benediktinerinnen von Frauenwörth sind nach meiner Einschätzung geringer als die Priorin vermutet. Auch die Dominikanerinnen haben ihre festen Gebetszeiten, ihre Rekreation und das »silentium profundum« in der Nacht. Auch sie beherbergen eine Schule in ihren Räumen: Rund 800 Mädchen besuchen die Grund-, Haupt- oder Realschule. Neun der Zoffinger Klosterfrauen unterrichten dort und finanzieren mit ihren Einkünften das Kloster zu einem wesentlichen Teil.

Die Existenz der Schule seit dem Jahre 1775 bewahrte das Kloster vor der Auflösung durch die Säkularisation. Nur Klöster, die sich »nützlich machten«, durften bestehen bleiben. Das zweite, das reiche Konstanzer Frauenkloster St. Peter wurde aufgelöst – die vornehmen Klosterfrauen mußten unter großen Protesten ins Zoffinger Kloster übersiedeln. »Wir waren ein sehr armes Kloster«, weiß die Priorin. Das mag stimmen, denn der Orden, den der heilige Dominikus gegründet hat, ist eigentlich ein Bettelorden.

Dominikus war ein Freund des Franz von Assisi und gerade zwölf Jahre älter als dieser. 1170 als Sohn reicher Eltern in Kastilien geboren, wird er – von Priestern erzogen – schließlich selbst Priester. Um die Töchter armer Adliger vor der »Irrlehre« der als Ketzer verschrieenen Katharer zu bewahren, gründet er in Prouille ein Frauenkloster. Als Begleiter eines Kreuzzuges gegen die Albigenser stärkt Dominikus seinen Bekehrungseifer. Dieser wird so mächtig, daß er beschließt, einen eigenen Predigerorden zu gründen, um die Gegner mit besseren Argumenten bekämpfen zu können. Mit Genehmigung von Papst Innozenz III. führt er die Augustinerregel für seinen Orden ein und ergänzt sie. 1234, dreizehn Jahre nach seinem Tod, wird Dominikus, von dem zahlreiche Wunder berichtet wurden, heilig gesprochen. Sein Festtag ist der 8. August.

Der Klosterinnenhof von Zoffingen: ein Ort der Ruhe mit Raum für ein Gärtchen.

Montag ist Waschtag: Die weißen Wollgewänder der Dominikanerinnen müssen von Hand vorgewaschen werden.

Dominikus hat einen Kleriker-, keinen Mönchsorden gegründet. Hauptaufgabe der Brüder war die Predigt. Durch betrachtendes Gebet und theologische Studien sollten sie lernen, den katholischen Glauben zu verteidigen und zu verbreiten. Thomas von Aquin, von der Kurie zum Kirchenlehrer erhoben, hat das so ausgedrückt: »contemplari et contemplata aliis tradere«, was so viel heißt wie »aus der Meditation leben und anderen die Früchte der Meditation weitergeben«. Das ist auch heute noch der Wahlspruch der Dominikanerinnen in Zoffingen, die der Betrachtung der Heiligen Schrift oder der von Gebetstexten täglich mindestens eine halbe Stunde widmen.

Ihrer Aufgabe entsprechend lebten die Dominikanermönche in den Städten und nicht zurückgezogen in der Einsamkeit. Ihr Arbeitsfeld war die ganze Welt, die Stabilitas loci der Benediktiner war ihnen folglich nicht möglich. Ihren Lebensunterhalt sollten die Mönche durch Betteln »verdienen«, auf persönlichen Besitz sollten sie verzichten, um sich möglichst ungehindert der apostolischen Tätigkeit widmen zu können. Die Mönche der sogenannten »ordo veritatis« waren überzeugt, die einzig richtige Lehre zu vertreten. Ihr Bekehrungseifer schlug sich in einer ausgeprägten Missionstätigkeit nieder und verschaffte ihnen auch die zentrale Rolle in der Inquisition. Bald nach Einrichtung der Inquisition wurde ihre Durchführung den gelehrten

Dominikanern übertragen. Der 1487 erschienene »Hexenhammer«, die bekannteste Anklageschrift der Inquisition, wurde von den Dominikanern Jakob Sprenger und Heinrich Institoris verfaßt.

Die Frauen hatten immer schon eine Sonderrolle im Dominikanerorden. Da ihnen das Priesteramt nicht offenstand, hielten sie am alten Mönchsideal mit Klausur und Chordienst fest und lebten beschaulich. Der Frauenandrang zu den Dominikanern war so stark, daß diese mehrfach versuchten, sich der Schwesternkonvente zu entledigen – wie zuvor schon die Prämonstratenser und die Zisterzienser. Mitte des 13. Jahrhunderts übertrug Papst Clemens IV. dem Männerorden endgültig die Leitung über die dominikanischen Frauenklöster. Unter diesen waren etliche ehemalige Beginengemeinschaften, auch der Konvent von Zoffingen entstammt dieser Bewegung.

Schwester Christine zieht das Glockenseil – den Ruf zum Gebet sollen alle hören.

Die von Dominikus festgeschriebene Lebensweise war sehr streng: Die Dominikaner sollten ohne Kissen schlafen und dabei Schuhe und Gewand nicht ablegen dürfen. Der Genuß von Fleisch war untersagt, kleinste Vergehen wurden streng bestraft. Die Dominikaner hatten ihren eigenen Meßritus und ein eigenes Brevier, täglich wurde ein marianisches Offizium abgehalten. Doch das ist vorbei: Das Zweite Vatikanische Konzil hat diese Unterschiede abgeschafft. Geblieben ist die Marienverehrung und das Rosenkranzgebet. Jede Nonne des »Rosenkranzordens« trägt eine geschnitzte Bethilfe bei sich.

Die Dominikaner tragen freundlich helle Gewänder. Dominikus hatte für seinen Orden den Habit der Kartäuser übernommen: ein Talar, der sich übrigens vom altrömischen Untergewand der Männer ableitet, und ein Schultertuch aus weißer Wolle. Die Mönche tragen eine weiße, spitze Kapuze, die Frauen einen schwarz unterlegten weißen Schleier und darunter ein sehr eng anliegendes Kopftuch.

Stimmt es, daß den Nonnen nach einiger Zeit die Haare ausfallen? Schwester Magdalena, die malende Klosterfrau, lacht, als ich sie danach frage. »Nein, das stimmt nicht. Wir nehmen das Kopftuch ja nachts ab.« Sie erzählt auch, daß sich unter ihrem Schleier ein »flotter Kurzhaarschnitt« verbirgt und daß sie sich so an den Schleier gewöhnt hat, daß sie nachts ohne Betthaube frieren würde. Schwester Magdalena lebt seit über dreißig Jahren im Kloster. Den Weg dorthin fand sie über Gott und über die Kunst – im Kloster wurde eine Malerin gesucht. Die ausgebildete Opernsängerin besuchte das Kloster und wußte bald, »daß das mein Ort war« und trat in den Orden ein. Jahre später wurde sie vom Konvent auf die Kunstakademie nach Karlsruhe geschickt. Seitdem ihre Amtszeit als Priorin – bei den Dominikanern dauert sie maximal drei mal drei Jahre – vorbei ist, findet sie wieder Zeit zum Malen von Ölbildern und Aquarellen. Doch am Montag, dem Waschtag, der für die Wäscherinnen morgens um vier Uhr beginnt, steht auch sie in der Waschküche oder im Bügelzimmer: »Im Kloster

»Mein Gott, mein Gott, warum hast du mich verlassen.« (Markus, 15,34)

Schwester Magdalena malte die Stationen des Kreuzwegs in Öl.

Schwester Agnes, die Bibliothekarin des Klosters, bei der Lektüre einer Handschrift. Da das Kloster Zoffingen nie aufgelöst wurde, ist die Bibliothek gut mit alten Schriften bestückt – allein 2000 Bände entstammen dem 15. bis 18. Jahrhundert.

gibt es keine Arbeitslosen. Jede schafft, solang sie kann.« Zu tun gibt es genug, und es wird immer mehr, denn der Konvent, der vor zehn Jahren noch siebzig Mitglieder zählte, ist inzwischen auf vierunddreißig Ordensfrauen zusammengeschrumpft. Die jüngste ist achtunddreißig Jahre alt, die älteste sechsundneunzig. Seit zweiundzwanzig Jahren hat das Kloster Zoffingen keinen Nachwuchs mehr. Bewerberinnen gab es zwar, aber sie sind nicht geblieben. Und manche wurde nicht als Postulantin aufgenommen, eine, weil sie den falschen Glauben hatte, evangelisch war. Einer anderen, einer frisch geschiedenen Frau, riet die Priorin, ihren Wunsch noch einmal zu überdenken und sich nicht von »einer Abhängigkeit in die nächste zu stürzen«. Eine ausgebildete Lehrerin konnte sich den strengen Regeln des Gemeinschaftslebens nicht unterordnen und ging wieder. »Es sind schlechte Zeiten fürs Kloster. Außerdem ist unser Orden nicht radikal genug für die Leute, die das Alternative suchen«, meint die Priorin. Dennoch ist sie zuversichtlich, daß das Kloster Zoffingen nicht aussterben wird. »Wenn nur eine übrigbleibt, bis neue kommen, reicht das . . .«

Die Kraft des Schweigens: Ein Wochenende der Meditation

Es ist ein strahlend schöner Novembertag, als wir Richtung Beuron aufbrechen. Das letzte Stück Straße führt durch einen Wald und ist nicht viel breiter als ein Wanderweg, dafür aber steil und kurvig. Wir fahren vorbei an der monumentalen Anlage des Benediktinerklosters in Beuron und weiter auf der Sigmaringer Straße. Nach einem Kilometer sind wir am Sonnenhaus, einer christlichen Meditationsstätte, die seit 1978 von dem Jesuitenpater Bernhard Scherer geleitet wird.

Wir hatten uns angemeldet für ein Meditationswochenende, in dem wir laut Programm einen Einstieg in ganzheitliches Dasein erfahren sollten. »Mit Leib und Seele beten«, zu lernen, Sinne zu sensibilisieren und geistige Wachheit zu üben – das sollten die Schwerpunkte des Programms sein.

Im Sonnenhaus angekommen, werden wir mit Kräutertee begrüßt. Pater Scherer, ein großer, hagerer Endfünfziger, befragt uns einzeln nach unseren Motiven und zeigt uns die Zimmer. Kurz nach achtzehn Uhr gibt es Abendessen. Die vierundzwanzig Teilnehmer, die da in einer großen Runde im Speiseraum sitzen, sehen sich teilweise zum ersten Mal und mustern sich schweigend. Auch während des Essens ist es auffällig ruhig, bis auf das Klappern des Geschirrs. Nur wenige flüstern, die meisten bleiben still – im Programm stand, daß wir zwei Tage schweigen würden...

Kurz vor zwanzig Uhr treffen wir uns erneut, im Kreis sitzen wir auf Hockern, die als einzigen Komfort eine grobe Bastmatte tragen. Die Jüngsten in der Runde dürften Ende zwanzig sein, die Ältesten über sechzig, die Frauen sind leicht in der Überzahl. In der Mitte des Kreises steht eine Azalee. An ihr verdeutlicht uns Pater Scherer verschiedene mögliche Betrachtungsweisen: ein Botaniker etwa würde vielleicht nur die Blätter zählen, ein anderer nur die Blütenfarbe wahrnehmen, beide würden nur einen Teil sehen, allein der »wirklich offene Mensch« würde die Pflanze als Ganzes betrachten können. Nach dieser Einstimmung fordert der Pater uns auf, unser Gegenüber schweigend und mit Sympathie zu betrachten. Wir sollen versuchen, den anderen ganz wahrzunehmen und vermeiden, ihn in irgendeine Schublade zu stecken. Wir lächeln, kollektive Freundlichkeit breitet sich aus, die Atmosphäre lockert sich. Nun verteilt der Pater die Anmeldekarten. Auf den Karten stehen Name, Alter, Beruf, Wohnort des Teilnehmers – wir sollen versuchen, den zugehörigen Menschen auszumachen. Später begrüßen wir ihn freundlichst in der Runde und der so Angesprochene nennt die Gründe für sein Hiersein. Einfach abschalten, ausspannen, den Streß in Beruf oder Familie vergessen, zu sich selbst finden, Meditation lernen und üben – es gibt viele Gründe. Doch Pater Scherer warnt uns gleich vor zu hohen Erwartungen und ermahnt uns, offen zu sein für alles, was kommt – und die Schuhe ordentlich abzustellen, bevor wir den Meditationsraum in Socken betreten. Es ist deutlich: Wir haben uns seiner Führung unterzuordnen, Verstöße gegen die Spielregeln oder Störungen kommentiert er in den nächsten zwei Tagen recht ungnädig. Den ersten Abend beschließen wir schweigend, auf einem Kissen im Meditationsraum sitzend.

Samstag morgen, sechs Uhr: Anhaltendes Glockenläuten weckt mich auf, kurz danach spielt jemand Trompete – Pater Scherer ruft zum biblischen »wachet und betet«. Wir finden uns im Meditationsraum ein. Der Raum ist mit Reisstrohmatten ausgelegt, Decken und Schemel sind im Kreis angeordnet. In der Mitte des Raumes befinden sich vier Ikonen an einer Säule – als Ausdruck für die »Christozentrik« unseres Übens –, eine Kerze brennt. Zur Begrüßung reichen wir uns die Hände. Pater Scherer trägt einen Psalm vor, den er uns am Abend zuvor schon mit auf die Zimmer gegeben hat. Dann ertönt ein Gong, halbstündiges Schweigen bis zum nächsten Gong.

Es ist etwa halb acht Uhr, als wir mit rhythmischen Aufweckübungen beginnen. Pater Scherer legt Wert darauf, daß wir uns die Übungen zunächst geistig vorstellen – das »mentale Training« der Fußballnationalelf fällt mir ein – und erst dann die Übung durchführen und ihr nachspüren. Ordensgründer Ignatius von Loyola hat dies in seinen geistlichen Übungen beschrieben: »Nicht unbedacht und prinziplos dürfen wir dabei zu Werke gehen, sondern wir müssen den Zielpunkt fest im Auge behalten und die Tritte auf der Leiter ... wohl unterscheiden. Ist die Übung beendigt, so will ich eine Viertelstunde lang sitzend oder auf- und abgehend überdenken, wie es mir ... ergangen.«

Dieser Rhythmus von Aktivität und Pause strukturiert die ganzen zwei Tage. »Ein lebenslanger Rhythmus«, meint Pater Scherer, »der im Alltag verlorengeht, weil die Pausen fehlen.« Und offensichtlich bin ich Pausen auch nicht gewohnt – zumindest nicht in dem Maße –, die Zeit vergeht unglaublich langsam. Wo ist meine Uhr?

Nach der zweiten stillen Meditation dürfen wir uns zum Frühstück begeben. Schweigend, freundlich lächelnd und nickend, reichen wir uns Marmelade, Butter oder das Sonnenhaus-Weizenbrot. Danach haben wir Zeit bis zehn Uhr. Wir sollen die Übungen nachwirken lassen, draußen spazieren gehen und mit offenen Sinnen meditatives Gehen üben, ganz da sein. »Dasein bei mir, dasein bei Dir, dasein in Dir, mit Leib und Seele, hier und jetzt – dasein bei mir, dasein bei Dir, dasein in Dir, mit Leib und Seele.« Ein Gebet, das uns Pater Scherer in diesen zwei Tagen immer wieder vorträgt und das uns auch daran erinnern soll, uns auf das zu konzentrieren, was wir momentan gerade tun: im Jetzt leben, »denn nur, was jetzt da ist, kann ich auch genießen«, erklärt er. Um zehn Uhr treffen wir uns, auf dem Bauch liegend, zu eutonischen Übungen. Manche nehmen die Entspannung allzu wörtlich und schlafen ein, aus verschiedenen Richtungen ertönt zufriedenes Schnarchen.

Später üben wir das entspannte Sitzen auf Stühlen: Die Oberschenkel müssen tiefer liegen als das Becken, beide Füße auf dem Boden stehen, die Wirbelsäule aufgerichtet sein, der Kopf gerade, die Hände auf den Oberschenkeln oder ineinander liegen. Am Boden dürfen wir mit Kissen nachhelfen, die Beine vor dem Körper übereinander – Knie auf dem Boden – oder seitlich nach hinten legen. Hauptsache, wir sitzen bequem und entspannt: »Die Betrachtung will ich beginnen, sei es knieend oder auf die Erde hingeworfen, oder auf dem Rücken liegend oder stehend, oder sitzend, immer in der Absicht, zu erreichen, was ich erreichen will... Wenn ich knieend finde, was ich wünsche, werde ich mich nicht anders darum bemühen; ebenso, wenn ich hingestreckt liege«, schreibt Ignatius.

Sobald wir richtig sitzen, schließt sich eine Meditationsübung an: »Da sein«, dann ein halbstündiger Spaziergang, bei dem wir lauschen, aufnehmen, auch mal verweilen sollen. Zurückgekehrt, meditieren wir erneut – bis zum Mittagessen um ein Uhr. Schweigend essen wir einen Brotauflauf mit Pflaumenkompott, Pater Scherer legt Musik auf: ein Flötenkonzert von Vivaldi. Wie schön, daß es so ruhig ist. Wie oft lassen wir uns von Musik berieseln, ohne richtig zuzuhören.

Nach einer Schlaf-, Wander-, Erholpause treffen wir uns um sechzehn Uhr erneut zu eutonischen Übungen, diesmal in Rückenlage. Wir sollen unsere »Leibgrenzen« erfahren, mit der Hand auf dem Bauch den Rhythmus des Lebens spüren. Pater Scherer verkündet die christliche Botschaft: »In der Atmung spüren wir das Leben, das Leben ist Christus.« Aus der Begegnung mit Christus und der Erfahrung mit sich selbst soll eine Überprüfung der persönlichen Lebensweise resultieren. Ein Ansatz, den Ignatius schon hatte, »Lebensbesserung« ist das Ziel. »Die, die nicht nach Gott fragen, sind wie die Spreu, die der Wind davonbläst...«, nimmt der Pater den Psalm vom Vormittag wieder auf. Er wünscht sich, daß die Menschen, die zu ihm kommen, »den Weg Gottes suchen«, aber er verlangt es nicht.

Nach einem Spaziergang meditieren wir erneut und nehmen danach ein einfaches Abendessen zu uns. Um zwanzig Uhr feiern wir die Eucharistiefeier im Meditationsraum. Gegen zehn gehe ich müde aber irgendwie zufrieden zu Bett. Der Sonntag beginnt wie der Tag davor: Glockenläuten, Trompeten, Meditieren, Aufwachen. Im Stehen bewegen wir uns rhythmisch, Pater Scherer legt griechische Tanzmusik auf und beginnt »kreativ« zu tanzen, wir sollen es ihm gleichtun, raus aus dem Denken, rein in die Bewegung. Im Kreis gehend lassen wir schließlich die Bewegung langsam ausklingen, meditieren dann eine halbe Stunde und gehen frühstücken.

In einem Gespräch tauschen wir später unsere Erfahrungen und Eindrücke der vergangenen zwei Tage aus: Für den einen war es wichtig, eine Gruppe von Gleichgesinnten zu treffen, für den anderen waren die Körperübungen besonders wichtig – »mit dem Kopf bestrittene Religiosität ist nichts, wir müssen mit Leib und Seele beten«, ergänzt Pater Scherer. Alle waren beeindruckt von der konsequenten und bescheidenen Lebensweise der Sonnenhaus-Bewohner. Die Mahlzeiten beispielsweise sind sehr einfach, aber phantasie- und liebevoll zubereitet. »Wir fragen, was es kostet und versuchen, aus nichts viel zu machen.« Im Verzicht auf Luxus beim Essen sieht Pater Scherer einen Solidaritätsbeitrag mit den Hungernden der Welt. Doch, und das ist das eigentlich Überzeugende, es bleibt nicht bei diesen verbalen Bekenntnissen. Jeder Pfennig, der im Sonnenhaus eingespart oder erwirtschaftet wird, fließt nach Indien in ein Dorfbau-Projekt. In den Jahren 1980 bis 88 konnten zweieinhalb Millionen Mark nach Indien geschickt werden: Das Geld wurde für 2500 Häuser in fünfundzwanzig Dörfern verwendet.

Da sein – eine Meditationsübung

Das Programm des Bewußt-für-andere-verzichten-Lernen und dadurch etwas Konkretes zu ermöglichen, spricht die Menschen an, weckt die innere Bereitschaft, selbst zu helfen. Anders ist der Erfolg des »Sonnenhaus Beuron – Dritte Welt« nicht zu verstehen. So konkret kann christliche Nächstenliebe sein, können Intention und Lebensweise übereinstimmen. Das Sonnenhaus steht auch damit in der Tradition des geistigen Vaters der Jesuiten, Ignatius von Loyola, der um 1540 schreibt: »Es ist immer besser und sicherer, sich in dem, was die eigene Person und den Hausstand angeht, einzuschränken und Abbruch zu tun... Der Hausrat des Bischofs soll von geringem Werte und arm sein. Dasselbe muß bei jeder Lebensweise in Betracht gezogen werden, jedoch mit Rücksicht auf Lage und Stand der Personen und ihrer verschiedenen Verhältnisse; wie wir denn auch im Ehestande das schöne Beispiel des heiligen Joachim und der heiligen Anna haben, welche aus ihren jährlichen Einkünften drei Teile machten und den ersten den Armen gaben, den zweiten für Dienst und Verwaltung des Tempels opferten, und den dritten endlich zu ihrem und ihrer Familie Unterhalt verwendeten!« (Ignatius de Loyola)

Sich einschränken und teilen lernen – das ist auch die Botschaft von Pater Scherer, der uns ermutigt, unsere Bemühungen fortzuführen, täglich zu meditieren, auf innere Anregungen zu hören und Positives wachsen zu lassen – und uns in irgendeiner Form am Indienprojekt zu beteiligen. Sei es durch den Verkauf von Sonnenhaus-Weizenbrot, durch freiwillige und unentgeltliche Arbeit im Haus oder durch einen finanziellen Beitrag. Nach einer Wortmeditation und einer letzten einfachen Mahlzeit verabschieden wir uns. Es ist merkwürdig, aber nach diesen zwei Tagen sind mir alle Teilnehmer richtig sympathisch – und das, obwohl wir kein Wort miteinander geredet haben; oder vielleicht gerade deshalb?

KLOSTER FÜR ALLE:

Dominikus wurde 1170 in Caleruega/Spanien geboren. Mit vierzehn Jahren begann er das Studium der Freien Künste und der Theologie in Palencia. 1196 trat er in das Domkapitel zu Osma ein und wurde zum Priester geweiht. Er führte dort ein klösterliches Gemeinschaftsleben. Auf einer Reise begegnete er in Südfrankreich der Irrlehre der Katharer. Er entschloß sich, als Wanderprediger das Evangelium Jesu Christi zu verkünden. 1215 gründete er in Toulouse die Gemeinschaft der Predigerbrüder. Papst Honorius III. erkannte 1217 den universalen Charakter des Ordens an und empfahl die »Brüder des Predigerordens« allen Bischöfen. Innerhalb von fünf Jahren verbreitete sich der Orden in ganz Europa. Am 6. August 1221 starb Dominikus in Bologna.

Dominikus wollte mit einer neuen Form christlichen Lebens Antwort geben auf die tiefgreifende religiöse Krise der Kirche seiner Zeit, des 13. Jahrhunderts, in der die Mönche zurückgezogen in ihren Klöstern leben, die Bischöfe mit ihren Besitzungen beschäftigt sind und die meisten Priester unfähig zu predigen und das Evangelium zu verkünden. Er greift dazu die Idee der Kirchenkritiker auf und gibt ihnen einen Platz in der Kirche: Leben wie die Apostel – in Armut und ganz für die Verkündigung da! Das ist es, was das Leben der Predigerbrüder ausmachen soll.

Dominikus wollte einen neuen Typ des Kleriker-Ordens: An die Stelle der körperlichen Arbeit der Mönche tritt für seine Brüder das lebenslange Studium. Das Studium, die Feier des Gebetes, das gemeinsame Leben und die Befolgung der evangelischen Räte fördern die Kontemplation. Aus der Kontemplation geht die fundierte Predigt hervor.

Zur Predigt im Dominikanerorden heute:
In der Tradition war die Predigt immer prophetisch. Um die Zeichen der Zeit zu erkennen, müssen wir den Schrei der Armen hören, der Unterdrückten, der Ausgeschlossenen, der Kranken und derer, die unter Verfolgung leiden wegen ihrer Rasse, ihrer Religion, ihres Kampfes gegen die Ungerechtigkeit. »In unserem Orden wie im Leben des heiligen Dominikus sind Predigt und Armut auf das engste verbunden. Wenn wir den Eindruck erwecken, mehr auf der Seite der Reichen als der Armen zu stehen, ist unsere Predigt unglaubwürdig.«

Zu den Großen Dominikanern zählen:
Albert der Große, ein Meister in den Naturwissenschaften, in der Theologie und Philosophie; Thomas von Aquin, Alberts größter Schüler, der bis heute die theologische Wissenschaft beeinflußt; Bartholomé de las Casas, ein Missionar der Menschenrechte für die Indios Lateinamerikas; Savonarola, ein unbequemer Mahner, der gegen Dekadenz von Staat und Kirche zu Felde zog; Meister Eckhart, Heinrich Seuse, Johannes Tauler, Vertreter der deutschen Mystik; Kathe-

rina von Siena, Kirchenlehrerin und Friedensstifterin; Giovanni da Fiesole, genannt Fra Angelico, berühmter Maler; Martin von Porres, Arzt und Krankenpfleger, der als Ordensbruder sich der einfachen und armen Leute in Peru annahm.

DOMINIKANERINNEN

Von Anfang an hat Dominikus Frauen in sein apostolisches Werk einbezogen. Bald entstanden auch viele Frauenklöster. Die Spiritualität bemüht sich um ein Gleichgewicht von kontemplativem und aktivem Leben, von Meditation und tätigem Engagement. In Deutschland gibt es beispielsweise allein in der Diözese Augsburg fünf Dominikanerinnenklöster (siehe Adressenverzeichnis Seite 155).

Innenhof des Klosters Zoffingen in Konstanz.

Dominikanerinnenkloster Zoffingen in Konstanz

Die Anfänge dieses Stadtklosters gehen zurück auf das Jahr 1257, als Bischof Eberhard II. von Konstanz der kleinen Schwesterngemeinschaft die Augustinerregel gab, die der heilige Dominikus für seinen Orden übernommen hatte. Dem Wachsen der Gemeinschaft von Zoffingen folgten nach der Reformation Zeiten des Niedergangs und des Wiederaufstiegs. 1775 eröffneten die Schwestern auf Drängen der damaligen Regierung die erste Volksschule für Mädchen in Konstanz.

Der Tagesablauf der Nonnen wird bestimmt durch die tägliche Feier der hl. Eucharistie, das gemeinsame Beten des Offiziums, die persönliche Meditation und Schriftlesung, durch Arbeit in Erziehung und Unterricht, durch pastorale Dienste, durch Tätigkeiten auf handwerklich-künstlerischem Gebiet sowie Haus- und Gartenarbeit.

Möglichkeiten zum Kennenlernen: Besuche sind nach Vereinbarung jederzeit möglich. Zur Orientierung dienen auch die Besinnungstage, für die ein Jahresprogramm angefordert werden kann.

Kloster Zoffingen
Brückengasse 5
7750 Konstanz
Telefon: (07531) 23685

Kloster St. Maria in Niederviehbach

Das Kloster liegt im Bistum Ravensburg und existiert seit 1847 in einem aufgehobenen Augustinerinnenkloster. Eine Schule mit Internat für Mädchen sorgt für Leben im Kloster. Besuche und Einkehrtage sind möglich, auch eine Teilnahme am Gemeinschaftsleben.

Kloster St. Maria
Priorin
8311 Niederviehbach
Telefon: (08702) 2206

Dominikanerinnenkloster am Ammersee

Wie so viele Klöster liegt auch das der Dominikanerinnen vom Ammersee in einer wunderschönen Umgebung, die inzwischen freilich von vielen Touristen und Münchner Ausflüglern überlaufen ist.

Das Kloster versieht neben Schule und Krankenpflege auch ein Rehabilitationszentrum. Aufnahme und Ausbildung erfolgen im Missionshaus des Ordens, St. Josef, 8771 Neustadt am Main. Dort können auch Termine für Besinnungstage und Wochenendtagungen erfragt werden.

Dominikanerinnen
Klosterhof 4
8918 Dießen/Ammersee
Telefon: (08807) 1028

Dominikanerin aus Österreich zu Besuch in Frauenwörth.

Dominikanerinnenkloster in Bad Wörishofen

Ein besonders interessantes Kloster ist die Dominikanerinnengründung im heutigen Allgäuer Kurort Bad Wörishofen. 1721 wurde es als beschauliches Kloster des Zweiten Ordens gegründet. Im 19. Jahrhundert trat aber – durch äußere Umstände bedingt – die karitative Tätigkeit in den Vordergrund. Die Schwestern übernahmen erzieherische Aufgaben und unterstützten ihren Spiritual Sebastian Kneipp bei der Entwicklung seines physiotherapeutischen Heilverfahrens, der »Kneipp-Kur«.

Sebastian Kneipp kam 1855 als geistlicher Leiter ins Kloster nach Wörishofen und blieb dort bis zu seinem Lebensende, damals schon berühmt als Pfarrer Kneipp, zu dem die Heilungssuchenden von überall her strömten. In jüngster Zeit ist an die Stelle der Schule ein Kurhaus getreten, das den zeitgemäßen Anforderungen eines Heilbads voll entspricht. Dazu kommen eine Naturheilpraxis, Krankenpflege und ein Kindergarten. Die Schwestern versuchen gerade mit der Betreuung der Kurgäste dem Erbe Kneipps gerecht zu werden und viele Leute gesünder zu machen.

Eine Lebensführung im Sinne Kneipps vermeidet jede Einseitigkeit. Fünf Prinzipien verhelfen zu körperlich-seelischem Gleichgewicht: Ernährungs-, Pflanzen-, Anwendungs-, Bewegungs- und Ordnungstherapie. Für die Dominikanerinnen von Bad Wörishofen »gibt es keine Seelsorge ohne Leibsorge und keine Leibsorge ohne Seelsorge«. Kloster und Kurhaus ergänzen sich so nahtlos. In der klösterlichen Oase der Stille des sonst sehr belebten Kurorts vermitteln die Dominikanerinnen alles Notwendige auch durch persönliches Gespräch und Anregung zur Meditation.

Dominikanerinnenkloster
Klosterhof 1
Postfach 1254
8939 Bad Wörishofen
Telefon: (08247) 6051

DOMINIKANER

Kloster St. Paulus in Berlin

»Gott in der Stadtwüste erfahren« – diesem Programm stellen sich die Dominikaner vom Kloster St. Paulus in Berlin. Das Kloster liegt im Stadtteil Moabit und damit wohl »goldrichtig« für eine Seelsorge mitten in der modernen Zivilisation. Die Berliner Dominikaner laden zu Meditation und Mystik, Gebet und Besinnung. Bei ihnen kann man »Zeit finden in einer zeitlosen Zeit«, der Hektik der Großstadt entfliehen. Das Themenspektrum des ganzjährigen Programms reicht von der Einführung in die Meditation über Texte der Mystik bis hin zu Entwürfen einer neuen Spiritualität.

Weitere Programmtitel: »Frauen denken anders...«; »Okkultismus«; »Literaturcafé«; »Mit Psalmen beten«; »Zum Thema Hexen«; »Zum Film Terese«; oder auch »Jungfrauengeburt«. Schon diese Auswahl demonstriert die Lebendigkeit des Berliner Dominikanerzentrums. Es hat die Herausforderungen der »Szene« aufgenommen und belegt demgegenüber, daß die Vorläufer einer alternativen Gegenbewegung in den Klöstern uralte Wurzeln haben. Ein besonderer Programmpunkt ist in Berlin die »Kunst im Kloster«: Die Programmacher schreiben dazu: »Berlin ist ein ausgesetzter Ort; seine exponierte Lage zwischen Ost und West mit dem Charakter seiner Vorläufigkeit und ständigen Veränderung hat ein sehr sensibles kulturelles wie subkulturelles Klima geschaffen, das viele Künstler anzieht. Schneller als anderswo werden hier die geistigen Kraftlinien der sich unter der Oberfläche regenden gesellschaftlichen und kulturellen Bewegungen wahrgenommen und oft bis ins Extrem durchgespielt. Wer die Szene aufmerksam verfolgt, gewinnt in den künstlerischen Äußerungen einen wachen Seismographen für den Zustand unserer Kultur. Das Gespräch der Christen mit der Kultur ist bisher nur in unsicheren Anfängen wahrzunehmen. Die Dominikaner von St. Paulus setzen daher den begonnenen Dialog mit den Künsten fort mit der Veranstaltungsreihe ›Kunst im Kloster‹.«

Dominikanerkloster St. Paulus
Oldenburger Straße 46
1000 Berlin 21
Telefon: (030) 3957097/98
(P. Klaus Funke OP; P. Eckhart Deutsch OP)

Pater Paulus: der »Ketzer« vom Freiburger Schloßberg. Die Kluft zwischen Religion und moderner Weltanschauung zu schließen, sieht er als seine vordringliche Aufgabe, die »Klerikalattitüden« hat er abgebaut. Der Dominikaner engagiert sich, wo er gebraucht wird – gibt es Konflikte zwischen Stadt und Jugend, wird er zum »Makler zwischen den Fronten«.

Dominikanerkloster in Freiburg

»Wir wollen die Nöte und Probleme der Menschen teilen und versuchen, im Rahmen einer gut durchdachten Theologie eine Antwort zu geben«, beschreibt Pater Paulus das Motiv für die Arbeit der Freiburger Dominikaner. Seit dreißig Jahren bieten sie Arbeitskreise zu den verschiedensten gesellschaftlichen Fragestellungen.

Immer mittwochs finden Vorträge zu theologischen Fragestellungen statt. Darin geht es etwa um den Begriff der »Religion«, um »Weltreligionen« und um die »Zukunft der Religion«. Eine regelmäßige Einrichtung sind auch die Arbeitskreise, die sich gesellschaftlichen Themen widmen, Fragen der Stadtplanung, der Kultur in der Stadt, der Gentechnologie oder der Wirtschaftsethik.

Die Veranstaltungen stehen allen Interessierten offen.

Dominikanerkloster
Ludwigstraße 35
7800 Freiburg
Telefon: (0761) 36372

Walberberger Institut in Bornheim

Das »Walberberger Institut« ist die Heimvolkshochschule der Dominikaner. Es will ein Ort der Begegnung sein für Menschen, die Orientierung suchen. Für Gruppen und einzelne werden Wochenendkurse, Fachtagungen, Seminare zu Ethik, Anthropologie und Psychologie geboten, aber auch Intensivkurse in Sprecherziehung und Rhetorik, Besinnungstage, Fasten und Schweigen sowie spezielle Exerzitien.

Walberberger Institut
Heimvolkshochschule der Dominikaner
Rheindorfer Burgweg 9
5303 Bornheim 3 (Walberberg)
Telefon: (02227) 850 (85251)

Kolleg St. Thomas in Vechta

Die Dominikaner von Vechta führen ein Internat für Jugendliche, und sie laden Jugendliche ab sechzehn Jahren ein. Die Unterbringung ist in Einzelzimmern im Konvent oder im Internat möglich. Begleitung während des Aufenthaltes findet nur bedingt statt. Zeitpunkt und Dauer des Aufenthalts nach Absprache – nicht in den Ferienzeiten.

Kolleg St. Thomas
Füchteler Straße 72
2848 Vechta
Telefon: (04441) 2026

Schweiz/Österreich

Frauenstift St. Peter und Paul in Graubünden

Bereits im Jahre 700 von einem Churer Bischof gegründet, stand das Stift zwischenzeitlich leer. Seit über 300 Jahren ist es wieder ständig belegt und zählt heute zehnmal so viele Schwestern wie zu Anfang. Das Gästehaus des Klosters ist das ganze Jahr über offen. Während der Saison (Juni bis September) ist eine Voranmeldung unerläßlich.

Frauenstift St. Peter und Paul
CH-7499 Cazis/Graubünden
Telefon: (081) 81 14 32

Kloster Bethanien in Obwalden

Seit 1972 im neuerbauten Kloster. Die »Dominikanerinnen von Bethanien« bilden eine eigenständige Kongregation als kontemplativ-apostolische Gemeinschaft. Gemäß der Aufgabe der Schwesterngemeinschaft ist das Haus als offener Ort der Begegnung geplant. Klosterflügel und Gästetrakt treffen sich windmühlenförmig in einem Zentrum mit Eingangshalle und Kapelle.

Mit der Kapelle von Bethanien ist ein Meditationsraum entstanden. Der Bau ist völlig aus Holz konstruiert; im Laufe des Tages zieht die Sonne ihren Kreis um die Kapelle, das sich ständig verändernde Licht wird von den versetzten Wandelementen aufgenommen und verwandelt – Symbol menschlicher Veränderung.

Das Gästehaus ist die einzige Einnahmequelle der Schwestern. Besucher, einzeln oder in Gruppen, sind daher gern gesehen. Besinnungstage sind jederzeit möglich, für Feriengäste steht sogar ein Hallenbad zur Verfügung.

Kloster Bethanien
CH-6066 St. Niklausen/Obwalden
Telefon: (041) 66 53 66

Kloster Nestelbach in der Steiermark

1960 wurde das Kloster in einem ehemaligen Landhaus gegründet. Das Gästehaus steht Einzelpersonen, Familien und kleinen Gruppen für Tage der Einkehr und Besinnung zur Verfügung. Teilnahme am Klosterleben ist möglich. Geboten werden Vollpension und gesunde Ernährung mit Gemüse und Obst aus dem biologisch geführten Klostergarten.

Kloster Nestelbach
A-8302 Nestelbach bei Graz/Steiermark
Telefon: (03133) 223

FRANZISKANER

Die Franziskaner, zu denen unter anderen auch die Kapuziner zählen, sind wahrscheinlich der bekannteste Bettelorden der Geschichte. Franz von Assisi ist nicht nur Urahne der Ökologie; er verstand es »mit Vögeln zu reden« und entwickelte eine regelrechte Naturmystik. Noch wichtiger war ihm die absolute Besitzlosigkeit der Mönche. In einer Zeit der Degeneration des Klosterlebens wurde er zu einem der großen Reformer, gemeinsam mit seinem nur wenig älteren Freund, dem heiligen Dominik. Franz von Assisi ging stets barfuß, und so werden bis heute die Franziskaner »Barfüßer« genannt, obgleich sie inzwischen freilich meist Sandalen tragen – ähnlich den »unbeschuhten« Karmelitern, die ebenfalls zu den Bettelorden gehören.

Als »Bruder Immerfroh« wurde Franz von Assisi weder zum Eremiten, noch floh er die Welt, sondern mischte sich offensiv in deren Belange ein, predigte stets mitten im Volk. So ist auch sein Orden bis heute besonders volksverbunden und legt – ganz auf der Höhe der Zeit – besonderen Wert darauf, Interessenten am Ordensleben Besinnung und Meditation nahezubringen.

Meditationshaus St. Franziskus

Während des ganzen Jahres finden im »Meditationshaus St. Franziskus«, das der Orden in Dietfurt im bayerischen Altmühltal betreibt, Meditiationskurse und Exerzitien statt. Mit Kursen für T'ai Chi Chuan, Sesshin, Chi Gong, Ikebana und Zen-Meditation wird eine Brücke geschlagen zu den Mönchstraditionen des Fernen Ostens.

Kontemplation und Schweigekurse »mit Leiberfahrung« bilden die Basis, Meditationskurse für Fortgeschrittene die nächste Stufe im geistlichen Training. Ein ausführliches Programm wird versandt. Darin stehen auch praktische Tips zum Ablauf der Meditationskurse und den dafür notwendigen Utensilien.

Meditationshaus St. Franziskus
Klostergasse 8
8435 Dietfurt/Altmühltal
Telefon: (08464) 1333

Kapuzinerkloster Stühlingen

Ein Magnet für Freunde klösterlicher Meditation ist auch das Kapuzinerkloster oberhalb des schwäbischen Stühlingen geworden. Pater Wolfgang Drews prägt dort einen unkonventionellen Ort der Begegnung in herrlicher Lage, mit großem Garten und direkt am Waldrand. Gemeinschaft erleben heißt hier »Lachen und Singen, Beten und Meditieren, Schweigen und Stille, körperliche Arbeit, Wandern, Werken und Gestalten«. In Stühlingen gibt es keine »Gäste«, sondern jeder ist mitverantwortlich, keiner nur Zuschauer. »So einfach zu leben, ohne Fernsehen und Disco, ohne Mode und Kino, ohne Motorrad und Hektik, ist gar nicht so einfach. Es erfordert Mut und Phantasie, Elan, Kreativität und Ausdauer. Einfach leben, mit wenig auskommen, anspruchslos und zufrieden sein«, so beschreibt Pater Drews die »franziskanische Alternative«.

Kapuzinerkloster Stühlingen
7894 Stühlingen
Telefon: (07744) 313

Weitere Adressen für ein franziskanisches »Kloster auf Zeit«:

Franziskanerkloster Eggenfelden
Franziskanerplatz 1
8830 Eggenfelden
Telefon: (08721) 3355 (P. Benno Fischer OFM)

Keine Kosten bei Mitarbeit in Haus und Garten. Männliche Jugendliche ab siebzehn Jahren.

Franziskanerkloster Landshut
Marienplatz 9
8300 Landshut
Telefon: (0871) 24021

Eingeladen sind männliche und weibliche Jugendliche ab siebzehn.

Franziskanerkloster Münster
Hörsterplatz 4
4400 Münster
Telefon: (0251) 40081

Eingeladen sind junge Männer ab achtzehn Jahren. Voraussetzung ist ein Vorstellungsgespräch mit dem Bruder, der diesen Aufenthalt begleitet, um die gegenseitigen Erwartungen und Ziele zu klären. Die Unterbringung erfolgt innerhalb der Gemeinschaft, die Teilnahme am Klosterleben ist möglich. Ein finanzieller Beitrag wird nicht erhoben.

FRANZISKANERINNEN

Kloster Sießen in Saulgau
Die Aufenthalte sollten mindestens zehn Tage dauern. Eingeladen sind junge Frauen zwischen siebzehn und dreißig Jahren. Keine Kosten bei ca. vierstündiger Mitarbeit. Musikinstrumente sollen mitgebracht werden. Telefonanruf bitte nur in Ausnahmefällen: (07581) 80180

Kloster Sießen
Sr. Emanuela Tieze
7968 Saulgau 1

Kloster Reute in Bad Waldsee
Mitleben – mitbeten – mitarbeiten in einer kleinen Schwesterngemeinschaft. »Kloster auf Zeit« nach Absprache und an mehreren festen Terminen im Jahr möglich.

Kloster Reute
7967 Bad Waldsee
Telefon: (07524) 7080

Kloster Marienburg in Abenberg
»Umdenken und handeln« ist das Motto der franziskanischen Schwestern von Abenberg. Die Gemeinschaft wurde von einer ehemaligen Karmelitin, die Beschauung und Tätigkeit zugleich anstrebte, in Rom gegründet. Seit 1920 ist das Kloster Marienburg in Abenberg von den franziskanischen Schwestern besiedelt.

Franziskanische Schwestern
Marienburg 5
8549 Abenberg/Mittelfranken
Telefon: (091 78) 741

Für »Kloster auf Zeit« nennen wir außerdem folgende Adressen:

Franziskanerinnen
8880 Dillingen
Taxisstraße 1
Telefon: (09071) 9071 (1431)

Franziskanerinnen des Crescentiaklosters
Obstmarkt 5
8950 Kaufbeuren
Telefon: (08341) 2252

Franziskanerinnen von Lüdinghausen
Klosterstraße 22
4710 Lüdinghausen
Telefon: (02591) 2 1286 (2340)

Mutterhaus der Franziskanerinnen
5960 Olpe-Biggesee

Kloster St. Josef bei Schwyz

Das Kloster reicht zurück bis in die Zeit vor der Eidgenossenschaft. Beginen hatten sich an der Muota niedergelassen und zu einer kleinen Gemeinschaft zusammengefunden. 1288 unterstellten sie sich dem Schutz der Barfüßer zu Luzern. 1344 erhielten sie endgültig die dritte Regel des heiligen Franz von Assisi. Der Gründungsbrief von 1288 ist noch erhalten. Die Mönche leben vom Holzbrennen, von Keramik- und Handarbeiten, von der Landwirtschaft und Gartenarbeit. Suchende und kleine Gruppen – sie müssen im Gasthof übernachten – sind eingeladen.

Franziskanerinnenkloster St. Josef
CH-6436 Muotathal nahe Schwyz
Telefon: (043) 47 11 14

Kloster Wonnenstein in Appenzell

Erst nach fünfzehn Minuten Fußmarsch ist das Kapuzinerinnenkloster zu erreichen. Die Schwestern leben als kontemplativer Orden in strenger Klausur. An der Pforte gibt es Naturheilmittel zu kaufen, das Kloster zu besuchen, ist jedoch schwierig.

Kloster Wonnenstein
CH-9052 Niederteufen/Appenzell
Telefon: (071) 33 1361

Kapuzinerkloster in Zug

Das Kloster wurde 1595 gegründet. Das Gebäude samt der Klosterkirche blieben erhalten. Die Brüder widmen sich vor allem der Seelsorge.
Es gibt nur wenige Gästezimmer, Feriengäste werden nicht aufgenommen, da das Kloster an einer »lärmigen Durchgangsstraße« liegt.

Kapuzinerkloster Zug
CH-6300 Zug
Telefon: (042) 21 1735

EXERZITIEN: DEN EIGENEN WILLEN ENTDECKEN

Es hat gedauert, bis nach der ersten Euphorie über die Meditationsexperimente aus dem Fernen Osten entdeckt wurde, daß es auch in der westlichen Welt alte Vorbilder gibt für die Suche nach dem eigenen Selbst. Und die beste Methode überhaupt, den eigenen Willen zu entdecken und intensiv zu schulen, ist eng mit der Klostergeschichte verbunden und wird vornehmlich im Kloster gepflegt. Bis heute läßt sich keine ähnliche Veranstaltung an Intensität mit der Methode der Exerzitien vergleichen.

Schon im Wort steckt der Begriff der Übungen und nichts anderes sind die Exerzitien: lange Übungen, in vielen Variationen, mit nur einem Ziel: sich auf Gott zu konzentrieren. Mit anderen Worten: völlig frei von anderen Belastungen, bei einem klösterlichen Ausstieg auf Zeit, nichts als nachdenken. »Gott suchen in allen Dingen« ist das Motto der Exerzitien, und tatsächlich steckt ein wenig Pantheismus in dieser Ideologie. Dies ist kein Wunder, denn die Exerzitien waren die wirksamste Waffe der mittelalterlichen Klosterbewegung gegen die vielfältigen Gottesbegriffe der Ketzer. Daher ist der Text der Exerzitien davon auch nicht ganz frei, wurde oft selbst der ketzerischen Anstiftung bezichtigt. Es war allzu oft verdächtig in der Kirche, die Menschen zum Nachdenken anzuhalten, zur Erinnerung an den Gott des Urchristentums, zur Meditation über die gemeinschaftliche Lebensweise der Apostel und der ersten christlichen Gemeinden. So frei nachzudenken, das konnte der mittelalterlichen Kirche durchaus gefährlich werden. Und so sind die Exerzitien bis heute weder verdrängt, noch einfach in die offizielle Kirche integriert, sondern sie sind ein Stein des Anstoßes geblieben. Ein Anstoß selbst für neue ketzerische Geister. Viele große – und unkonventionelle – Denker haben sie entdeckt, erprobt oder haben sich in Haßliebe darin verstrickt: Von René Schickele reicht die prominente Liste über Ernst Bloch, die Franzosen Roland Barthes oder Georges Bataille bis hin zu radikalen Linken der siebziger Jahre, die sich nach der Enttäuschung mit dem Marxismus auf die Suche nach ähnlich »starken« geistigen Vorbildern machten.

Erfunden oder besser geschaffen hat die Exerzitien der spanische Ritter Ignacio de Loyola (1491–1556). Der heilige Ignatius war in seiner Jugend beileibe kein Heiliger, sondern bekannt als »hinterlistig, gewalttätig und rachsüchtig«. Erst eine schlimme Kriegsverletzung, die ihn monatelang ans Bett fesselte, läutete den Wandel vom Saulus zum Paulus ein. Der Kranke las immer wieder die »Vita Christi« des Kartäusers Ludolf von Sachsen und wollte danach nichts mehr vom Ritterleben wissen. Noch als Kranker legte er mit Auszügen aus dem (leider nicht erhaltenen) Werk des Kartäusers den Grundstein zu den Exerzitien, seinen Thesen über die »besten Mittel zur Wandlung des inneren Menschen«. Mystische Erlebnisse während und nach der Schicksalskrankheit taten ein übriges: Offenbar intuitiv meditierte er intensiv über das Leben Jesu – die Methode der Exerzitien ergab sich so fast von selbst. Meditation ist für Ignacio ein »reflexionsloses Schauen«, über das Erbe der Kartäuser wahrt auch er die Brücke zur fernöstlichen Gottessuche. Gerade in den Exerzitien zeigt sich die schillernde Spannweite des Begriffs der Meditation am besten: vom völligen »inneren Schweigen« der Kartäuser bis hin zum aktiven, intensiven Nachdenken, der Konzentration auf ein Bild oder eine Geschichte. Es gibt viele Wege der Meditation, viele Wege zu Gott, die Exerzitien nehmen auch Rücksicht auf die unterschiedlichen Temperamente der Menschen. In seinen »Vorbemerkungen« hält Ignacio die Exerzitien-Meister an, die Interessenten geduldig zu »exerzieren«, niemanden dabei zu überfordern.

Wieder genesen, beginnt Ignacio de Loyola Theologie zu studieren, und schon bald sammeln sich Jünger um ihn. Mehrfach wird der Spanier vor die Inquisition befohlen, seine tiefschürfenden Thesen sind für manche Kirchenkreise eine offene Provokation. Aber Ignacio ist nicht zu bremsen, 1540 wird seine »Gesellschaft Jesu« vom Papst als neuer kirchlicher Orden anerkannt. Mit den Jesuiten entsteht ein neues klösterliches Element, denn diese »Mönche« verzichten auf ein Kloster, tragen kein Ordensgewand, wollen sich nur dem »apostolischen Dienst« am Nächsten widmen. Mit anderen Worten: Die Jesuiten sind Überzeugungstäter und ihre Waffe sind die Exerzitien.

»Konzentration« ist das Stichwort für dieses Training des Denkens: »Die ›Exerzitia spiritualia‹ des ehemaligen Offiziers und visionär fanatischen Ordensgründers sind Willenstechnik im bisher höchsten europäisch erreichten Grad«, so definiert Ernst Bloch das Wesen der Exerzitien. Die »geistlichen Übungen« läuten auch eine neue Art des Betens ein, zuvor war ein solch »methodisch betrachtendes« Gebet unter den Katholiken nicht üblich. Aber die Exerzitien sind weit mehr als eine katholische Gebetsanleitung, sie sind eine Schule für Willen und Konzentration, ja sogar ein System effektiver Psychotherapie. Ignacio de Loyola ließ alle Eleven seines Ordens vor dem Eintritt einen Monat lang stillschweigend die Exerzitien erproben. So streng ist der Brauch heute nicht mehr, Exerzitien im Kloster sind für Interessenten mit wenig Zeit selbst an einem Tag »zu haben«. Freilich kann diese Methode nur wirken, wenn sie wohl mindestens eine Woche geübt wird, ansonsten wird der Kopf gar nicht frei von äußeren Einflüssen. Ignacio selbst hat die Exerzitien auf dreißig Tage angelegt, bezogen auf eine Person, die guten Willens ist, sich zu ändern, aber noch ungeschickt ist auf dem Weg dabei. Daher sind Exerzitien für Fortgeschrittene auch in einer kürzeren Zeitspanne sinnvoll.

Die Exerzitien wollen eine Wandlung durch den Willen erreichen, und so ist es wenig sinnvoll, sie eben auch mal als eine der vielen meditativen Angebote zu nutzen. Die klare Voraussetzung ist ein bewußtes Ziel, irgend etwas in der eigenen Person zu erreichen. So werden die Exerzitien auch zu einem Weg für ungläubige Geister, es geht nicht darum, kirchliche Weihen zu erringen, allein die eigene Person steht im Vordergrund. In der uralten Auseinandersetzung, ob sich zuerst die »Gesellschaft« oder der einzelne Mensch ändern müsse, setzt der Jesuiten-Gründer eindeutig auf den Menschen, auf den »subjektiven Faktor«. Nicht zuletzt dies macht ihn so modern. Sicher ist der wesentliche Arbeitsinhalt, die »Trainingsanleitung« der Exerzitien, eine vielfach variierte Meditation über das Leben Jesu. Aber Jesus gilt ja in vielen Religionen als Prophet, selbst radikale Linke können nicht über ihn hinwegsehen, zu tief sitzt der Stachel seines Lebens in der menschlichen Geschichte. Bis heute läßt er etwa die Künstler nicht los, immer wieder entstehen meist heftig umstrittene Filme über sein Leben oder seine – angeblich – »letzten Versuchungen«. So gibt es kaum ein besseres Symbol für die Auseinandersetzung mit dem eigenen Leben als das Vor-Bild Jesus. Sein Leben ist die Methode der Exerzitien, unser eigenes Denken ist ihr Inhalt und Ziel.

Die »Geistlichen Übungen, um sich selbst zu überwinden und sein Leben zu ordnen, ohne sich dabei durch irgendeine ungeordnete Neigung leiten zu lassen« – nach dem ursprünglich lateinischen Wortlaut »Exerzitien« genannt –, füllen selbst ein Buch und können daher hier nur ihrem Motto gemäß vorgestellt werden. Zudem hat es wenig Sinn, die Exerzitien zu lesen, man muß sie erleben. Dies kann auch außerhalb des Klosters geschehen, in meditativem Selbsttraining. Dann jedoch gilt noch mehr der Grundgedanke von Ignacio de Loyola: »Deshalb ist es notwendig, uns gleichmütig zu stimmen gegen alle geschaffenen Dinge, soweit es der Freiheit unseres Willens überlassen und uns nicht untersagt ist; so daß wir mehr Gesundheit nicht mehr wünschen als Krankheit, Reichtum nicht mehr als Armut, Ehre nicht mehr als Schmach, ein langes Leben nicht mehr als ein kurzes – und so fort in allen übrigen Dingen; indem wir einzig und allein das verlangen und wählen, was uns mehr zur Erreichung des Zieles dient, um dessentwillen wir geschaffen sind.« Was für eine radikale Herausforderung! Und so »modern«, als wäre sie gerade von einem Gesellschaftskritiker formuliert worden ...

ADRESSEN

Wegen der Fülle der Orden können auch hier nicht sämtliche Adressen aufgeführt werden. Wir haben nur die Orden ausgewählt, die bekannter und für die Ordensgeschichte wesentlich sind, sowie solche, die in diesem Buch angesprochen wurden. Die Adressen der speziell ausgewählten Klöster, die sich besonders für »Kloster auf Zeit« eignen oder Meditationskurse und/oder Exerzitien anbieten, werden hier wiederholt. Sie finden sich jeweils unter dem Titel »Kloster für alle« am Schluß der jeweils vorgestellten Orden (Benediktiner/innen; Kartäuser; Trappisten; Zisterzienser/innen; Karmeliten/innen; Dominikaner/innen; Jesuiten; Franziskaner/innen). Hier noch ein allgemeiner Hinweis: Eine relativ neue, von den Klöstern geschaffene Möglichkeit ist das »Vorpraktikum« im Sinne eines freiwilligen sozialen Jahres. Wer sich gerne auf den Versuch einläßt, Arbeit nach einem geistlichen Tagesrythmus zu gestalten, sollte sich bei den Diözesanstellen informieren. Deren Adressen sind ebenso wie Broschüren mit sämtlichen Klosteradressen beim »Informationszentrum Berufe der Kirche«, Schoferstraße 1, 7800 Freiburg erhältlich. Schließlich ist eine Programmbroschüre über »Kloster auf Zeit« bei der »Vereinigung der Ordensoberinnen Deutschlands«, Bonner Talweg 135, 5300 Bonn 1, Tel. 0228/212115, beziehungsweise bei der »Vereinigung Deutscher Ordensobern«, Holsteinstraße 1, 5000 Köln 80, Tel. 0221/618230, erhältlich.

Adressen Frauenorden:

AUGUSTINER-CHORFRAUEN
4300 Essen, Bardelebenstraße 9
4790 Paderborn, Michaelstraße 17
5800 Hagen, Kaiserstraße 67
7600 Offenburg, Lange Straße 9

AUGUSTINERINNEN
4040 Neuss, Augustinerstraße 46

BENEDIKTINERINNEN
4040 Neuss 22, Am Kreitz 1
4152 Kempten 1, Abtei Mariendonk
4409 Dülme-Rorup, Kloster Maria Hamikolt
4410 Warendorf 4, Vinneberg
4500 Osnabrück, Hasetorwall 22
4853 Rietberg 2, Abtei Varensell
5000 Köln 51, Brühlerstraße 74
5300 Bonn-Endenich, Kapellenstraße 44
5370 Kall-Steinfeld, Abtei Mariä Heimsuchung
5500 Trier, Domänenstraße 98
6220 Rüdesheim-Eibingen, Abtei St. Hildegard
6225 Johannisberg, Kloster Maria Immaculata
6400 Fulda, Nonnengasse 16
7481 Habsthal über Sigmaringen
7800 Freiburg-Günterstal, Riedbergstraße 1
7896 Wutöschingen-Ofteringen 2
7981 Kellenried Berg 3, Abtei St. Erentraud
8132 Tutzing, Bahnhofstraße 1
8359 Ortenburg, Neustift 11
8399 Tettenweis, Abtei St. Gertrud
8601 Zapfendorf-Kirchschletten, Abtei Maria Frieden
8918 Dießen/Ammersee, Kloster St. Alban

DOMINIKANERINNEN
4034 Angermund, Klosterstraße
4056 Schwalmtal, Ungeratherstraße 14
4330 Mühlheim, Kardinal-Graf-Galenstraße 27
5303 Bornheim 4 (Walberberg), Rheindorfer Burgweg 9
5400 Koblenz 1, Immendorfer Straße 14
5561 Klausen 115, »Mater Dolorosa«
6720 Speyer, Hasenpfuhlstraße 32
7580 Bühl, Schwarzwaldstraße 122
7750 Konstanz, Brückengasse 15
8091 Griesstätt, Altenhofenau 10
8311 Niederviehbach, St. Maria an der Isar
8400 Regensburg, Am Judenstein 10
8491 Strahlfeld, Kloster St. Dominikus
8850 Donauwörth, Klostergasse 3
8871 Wettenhausen über Günzburg
8900 Augsburg, Bei St. Ursula 5
8910 Landsberg, Herkomerstraße 110
8939 Bad Wörishofen, Klosterhof 1

INSTITUT ST. DOMINIKUS
6720 Speyer, Vincentiusstraße 4

MISSIONSDOMINIKANERINNEN
8111 Schlehdorf, Missionskloster
8711 Neustadt, Missionshaus St. Josef

FRANZISKANERINNEN
4132 Kamp Lintfort, Bürgermeister-Schmelzinger-Straße 90
4150 Krefeld, Jungfernweg 1
4300 Essen-Bedingrade, Laarmannstraße 26
4400 Münster, St.-Mauritz-Freiheit 44
4404 Telgte, St.-Rochus-Hospital
4452 Thuine, St. Georgstift
4557 Fürstenau 2, Kelinghausen 1
4710 Lüdingshausen, Klosterstraße 22

4788 Warstein, Sichtigvor-Mülheim
4796 Salzkotten, Paderborner Straße 7
5000 Köln, Am Pantaleonsberg 10
5300 Bonn 1, Noeggerathstraße 10
5300 Bonn-Ramersdorf, Mehlemer Straße 1–3
5340 Bad Honnef 6, Klosterstraße 8
5440 Mayen, Bürresheimer Straße 44
5451 Waldbreitbach, St. Marienhaus
5480 Remagen-Rolandseck, Insel Nonnenwerth
5483 Ahrweiler, Franziskusstraße 4
5960 Olpe/Biggesee, Maria-Theresia-Straße 32
6618 Wadern, Schloß Dagstuhl
7070 Schwäbisch-Gmünd, Heugenstraße 5
7220 Schwenningen, Franziskushaus
7230 Schramberg 12, Heiligenbronn
7591 Sasbach 2, Erlenbadstraße 25
7614 Gengenbach, Bahnhofstraße 10
7951 Berkheim-Bolanden, Mutterhaus
7967 Bad Waldsee, Kloster Reute
7986 Saulgau, Paderborner Straße 7
8070 Ingolstadt, Harderstraße 5
8091 Au/Inn, Mutterhaus
8151 Sachsenkamm über Bad Tölz
8304 Mallersdorf, Mutterhaus
8382 Arnstorf/Ndby.
8441 Aiterhofen, Kloster St. Josef
8600 Bamberg, Heinrichsdamm 32
8621 Vierzehnheiligen Post Grundfeld
8880 Dillingen, Taxistraße 1
8886 Mödingen, Maria Medingen
8900 Augsburg, Sterngasse 5
8901 Leitershofen, Krippackerstraße 6
8909 Ursberg, Mutterhaus
8948 Mindelheim, Hauberstraße 2
8950 Kaufbeuren, Obstmarkt 5

KARMELITINNEN
1000 Berlin 13, Heckerdamm 232
4300 Essen, Kapitelsberg 1
5000 Köln 1, Vor den Siebenburgen 6
5100 Aachen, Lousbergstraße 14
5160 Düren, Kölner Landstraße 261
5190 Stolberg-Zweifall, Maria Regina
5300 Bonn 3, Karmeliterstraße 1
5441 Auderath Kreis Cochem-Zell
5511 Traben-Roth, Kirchstraße 1
5810 Witten, Auf der Klippe 20
6050 Offenbach, Am Waldschwimmbad 3
6452 Hainburg, Hauptstraße 6–8
6746 Hauenstein, Karmel St. Josef
7400 Tübingen, Neckarhalde 64
7815 Kirchzarten, Dietenbacher Straße 40
8060 Dachau-Ost, Alte Römerstraße 91
8137 Berg 2, Marienplatz 1, Konvent Antkirchen
8313 Vilsbiburg
8520 Erlangen-Bücherbach, Forchheimer Straße 27
8700 Würzburg, Himmelspforten, Mainaustraße 40
8741 Rödelmaier
8901 Welden bei Augsburg, St.-Thekla-Berg

KLARISSEN
3000 Hannover-Buchholz, Miesburger Mühlenweg 1
4178 Kevelaer, Twiesteder Straße 2
4290 Bocholt, Karlstraße 31
4400 Münster, Domplatz 34 a
4400 Münster, Scharnhofstraße 2
5483 Bad Neuenahr, Eichendorffstraße 1
8312 Dingolfing, Geißlung 12
8907 Maria Vesperbild bei Ziemetshausen

KLARISSEN-KAPUZINERINNEN
4401 Senden, Kloster St. Klara
5042 Erftstadt-Liblar, St.-Josefs-Kloster
5400 Koblenz-Pfaffendorf, Kloster Bethlehem, Hermannstraße 29
5500 Trier-Petrisberg, Sickingerstraße 25
6951 Limbach-Balsbach, St.-Clara-Kloster

URSULINEN
1000 Berlin 37, Kleinaustraße 10
3428 Duderstadt, Neutorstraße 9
3580 Fritzla, Neustädterstraße 39
4000 Düsseldorf, Ritterstraße 14
4240 Emmerich 3, St.-Martinus-Heim
4270 Dorsten, Ursulastraße 12
4473 Haselünne, Paulusweg 43
4500 Osnabrück-Haste, Bramstraße 41
4760 Werl, Neuerstraße 11
4800 Bielefeld-Schildesche, Sieboldstraße 4 a
5000 Köln 1, Machabäerstraße 21
5130 Geilenkirchen, Markt 1
5160 Düren, Bismarckstraße 24
5290 Wipperfürth, Auf dem Silberberg 3
5303 Bornheim-Hersel, Rheinstraße 182
5483 Bad Neuenahr-Ahrweiler 2, Calvarienberg
5952 Attendorf, St.-Ursula-Straße 12
6050 Offenbach, Ahornstraße 33
6222 Geisenheim, Rüdesheimer Straße 30
6240 Königsstein, Gerichtsstraße 19
6338 Hofheim, Vincenzstraße 21
6800 Mannheim, A 4, 4
7730 Villingen, St.-Ursula-Bicken-Straße
7800 Freiburg, Landsknechtstraße 4
8300 Landshut, Neustadt 535
8440 Straubing, Burggasse 9
8700 Würzburg, Augustinerstraße 17

VINZENTINERINNEN
3200 Hildesheim, Neue Straße 16
4790 Paderborn, Am Busdorf 4
5000 Köln 60, Merheimer Straße 217
6148 Heppenheim, Kaltererstraße 3
6400 Fulda, Kanalstraße 22
7800 Freiburg, Habsburgerstraße 120
7934 Untermarchtal, Mutterhaus
8000 München 2, Nußbaumstraße 5
8900 Augsburg 22, Göggingerstraße 94

ZISTERZIENSERINNEN
7570 Baden-Baden, Postfach 1337, Abtei Lichtenthal
8300 Landshut, Bismarckplatz 14, Abtei Seligenthal
8901 Oberschönefeld, Abtei
8391 Thyrnau, Abtei St. Josef
8595 Waldsassen, Kirchplatz 2

Adressen Männerorden

VEREINIGUNG DEUTSCHER ORDENSOBERN
5000 Köln 80, Holsteinstraße 1, Generalsekretariat

AUGUSTINER OSA
8372 Zwiesel, Postfach 220, Deutsche Klöster des Regionalvikariats Wien der Augustiner
8700 Würzburg, Dominikanerplatz 2, Provinzialat

BENEDIKTINER OSB
2060 Travenbrück, Priorat St. Ansgar, Kloster Nütschau
4425 Billerbeck, Abtei Gerleve
5100 Aachen, Oberforstbacher Straße 71, Sublazenser Kongregation Abtei Kornelimünster
5200 Siegburg, Abtei Michaelsberg
5471 Maria Laach über Andernach, Abtei Maria Laach
5500 Trier, Matthiasstraße 85, Kongregation von der Verkündung B. M. V., Abtei St. Matthias
5778 Meschede/Sauerland, Postfach 1540, Benediktinerkongregation von St. Ottilien Abtei Königsmünster
6695 Tholey, Klosterstraße 11, Abtei St. Mauritius
6900 Heidelberg 1, Stiftweg 2, Abtei Neuburg
7086 Neresheim/Württemberg, Abtei Neresheim
7107 Bad Wimpfen/Neckar, Abtei Grüssau
7792 Beuron 1/Hohenzollern, Beuroner Kongregation Erzabtei Beuron
7987 Weingarten/Württemberg, Abtei Weingarten
8000 München 2, Karlstraße 34, Abtei St. Bonifaz
8026 Ebenhausen/Isartal, Abtei Schäftlarn
8069 Scheyern über Pfaffenhofen, Abtei Scheyern
8101 Ettal/Obb., Abtei Ettal
8351 Niederaltaich/Donau, Abtei Niederaltaich
8354 Metten über Deggendorf, Abtei Metten
8358 Vilshofen/Nb., Abtei Schweiklberg
8420 Kelheim, Abtei Weltenburg
8421 Rohr/Nb., Abtei Rohr
8434 Berching 1, Klosterplatz 1, Abtei Plankstetten
8711 Münsterschwarzach, Abtei Münsterschwarzach
8900 Augsburg, Stephansplatz 6, Bayerische Kongregation Abtei St. Stephan
8917 St. Ottilien/Obb., Erzabtei St. Ottilien
8942 Ottobeuren/Schwaben, Abtei Ottobeuren

DOMINIKANER OP
5000 Köln 1, Lindenstraße 45, Provinzialat der Deutschen Provinz Teutonia
8900 Augsburg, Heilig-Kreuz-Straße 3, Oberdeutsche-Österreichische Provinz

FRANZISKANER OFM
1000 Berlin 42, Götzstraße 65, Schlesische Kustodie von der heiligen Hedwig
4000 Düsseldorf 1, Immermannstraße 20, Provinzialat der Kölnischen Provinz
4444 Bentheim/Bardel, Nordbrasilianische Provinz
4760 Werl, Klosterstraße 17, Provinzialat der Sächsischen Provinz
6400 Fulda, Frauenberg, Provinzialat der Thüringischen Provinz
8000 München 22, St.-Anna-Straße 19, Provinzialat der Bayerischen Provinz

FRANZISKANER-MINORITEN OFM CONV.
8700 Würzburg 1, Franziskanergasse 7, Provinzialat

JESUITEN SJ
5000 Köln 1, Stolzestraße 1 a, Provinzialat der Norddeutschen Provinz
8000 München 40, Seestraße 14, Provinzialat der Oberdeutschen Provinz

KAPUZINER OFM CAP.
5400 Koblenz-Ehrenbreitstein, Kapuzinerplatz 134, Provinzialat der Rheinisch-Westfälischen Provinz
8000 München 40, Tengstraße 7, Provinzialat der Bayerischen Kapuziner

KARMELITEN OCARM.
4132 Kamp-Lintfort, Abteiplatz 13, Niederdeutsche Provinz
8600 Bamberg, Kameliterplatz 1, Oberdeutsche Provinz

UNBESCHUHTE KARMELITEN OCARMDISC.
8000 München 19, Dom-Pedro-Straße 39, Provinzialat

KARTÄUSER OCART.
7954 Bad Wurzach 8, Kartause Marienau

TRAPPISTEN OCIST. s. o.
5169 Heimbach/Eifel 1, Abtei Mariawald

VINZENTINER CM
5000 Köln 1, Rolandstraße 57, Provinzialat

ZISTERZIENSER OCIST.
4048 Grevenbroich 2, Zisterzienserkloster Langwaden
5239 Marienstatt Post Hachenburg/Ww., Abtei Marienstatt
5561 Großlittgen, Abtei Himmerod

VEREINIGUNG DER ORDENSOBERN DER BRÜDERORDEN UND -KONGREGATIONEN DEUTSCHLANDS
5500 Trier, Nordallee 1, Generalsekretariat

Adresse zum Kapitel:
Kraft des Schweigens (siehe Seite 140):
Christliche Meditationsstätte Sonnenhaus
Beuron – Dritte Welt
7792 Beuron/Donautal
Telefon: (07466) 209

BÜCHER ZUM THEMA

Assisi, Franz von: Arm unter Armen. Piper 1987
Assisi, Franz von: Die Blümlein des heiligen Franziskus von Assisi. Insel 1973

Borst, Arno: Mönche am Bodensee. Thorbecke 1978
Böhme, W.: Zu Dir Hin. Über mystische Lebenserfahrung von Meister Eckhart bis Paul Celan. Insel 1987
Bösen, Willibald: Auf einsamer Straße zu Gott. Das Geheimnis der Kartäuser. Herder 1987
Brown, Judith C.: Schändliche Leidenschaften. Reclam 1988
Buber, Martin: Ekstatische Konfessionen. Lambert Schneider 1984

Curb, Rosemary; Manahan, Nancy: Die ungehorsamen Bräute Christi. Knaur 1988

Dalarun, Jacques: Erotik und Enthaltsamkeit. Athenäum 1987
Deschner, Karl Heinz: Das Kreuz mit der Kirche. Heyne 1974
Dinzelbacher, Peter; Bauer, Dieter R. (Hrsg.): Frauenmystik im Mittelalter. Schwaben 1985
Duby, Georges:Der heilige Bernhard und die Kunst der Zisterzienser. Klett-Cotta 1981
Duby, Georges: Europa im Mittelalter. Klett-Cotta 1986
Duerr, Hans-Peter: Traumzeit. Suhrkamp 1984

Eco, Umberto: Der Name der Rose. Hanser 1986
Elm, K., u. a.: Die Zisterzienser. Rheinland-Verlag 1981

Flüe, Bruder Klaus von: Rat aus der Tiefe, Meditationen. Benziger 1987
Frank, Karl Suso: Grundzüge der Geschichte des christlichen Mönchtums. Wissenschaftliche Buchgesellschaft 1975

Goetz, H. W.: Leben im Mittelalter. C. H. Beck 1987
Grundmann, Hans: Religiöse Bewegung im Mittelalter. Olms 1961

Heimbucher, Max: Die Orden und Kongregationen der katholischen Kirche, 5. Auflage, Schöningh 1938
Heinsohn, Gunnar; Steiger, Otto: Die Vernichtung der weisen Frauen. Heyne 1987
Herbstrith, Waltraud: Edith Stein, Zeichen der Versöhnung. Kaffke 1979
Hilpisch, Stephanus: Die Doppelklöster. 1928
Hilpisch, Stephanus: Aus frühmittelalterlichen Frauenklöstern. 1926
Hilpisch, Stephanus: Geschichte der Benediktinerinnen. 1957
Hoffmann-Herreros, Johann: Teresa von Avila. Matthias Grunewald 1986
Holtz, Leonhard: Geschichte des christlichen Ordensleben. Benziger 1986
Holtz, Leonhard: Männerorden in der BRD. Benziger 1984
Huizinga Johan: Herbst des Mittelalters. Körner 1975

Koch, Gottfried: Die Frauenfrage und Ketzertum im Mittelalter. Akademie 1962
Kues, Niklaus von: Vom Sehen Gottes. Ein Buch mystischer Betrachtung. Artemis 1987
Küsters, Urban: Der verschlossene Garten. Droste 1985

Laager, Jacques: Palladius Historia Lausiaca. Die frühen Heiligen in der Wüste. Manesse 1987
Lockhart, Robin Bruce: Die Botschaft des Schweigens. Das verborgene Leben der Kartäuser. Echter 1987

Loyola, Ignatius de: Die Exerzitien und aus dem Tagebuch. Matthes & Seitz 1978

Meister, Eckhart: Einheit im Sein und Wirken. Piper 1986
Mello, Anthony de: Meditieren mit Leib und Seele. Butzon und Bercker 1987
Merton, Thomas: Meditationen eines Einsiedlers. Benziger 1984
Muraro Luisa: Vilemina und Mayfreda, Die Geschichte einer feministischen Häresie. Kore 1988
Muschg, Walter: Mystische Texte aus dem Mittelalter. Diogenes 1986

Nigg, Walter: Das Buch der Ketzer. Diogenes 1986
Nigg, Walter: Große Heilige. Diogenes 1986
Nigg, Walter: Prophetische Denker. Das Wort 1986
Nouwen, Henri J. M.: Ich hörte auf die Stille. Herder 1978

Posada, Gerardo: Der heilige Bruno. Vater der Kartäuser. Wienand 1987

Steidle, Basilius: Die Regel des heiligen Benedikt. Beuroner Kunstverlag 1983
Stein, Edith: Am Kreuz vermählt. Benziger 1984
Stein, Edith: Aus der Tiefe leben. Kösel 1988
Steindl-Rast, David: Die Achtsamkeit des Herzens. Ein Leben in Kontemplation. Goldmann 1988
Steindl-Rast, David: Fülle und Nichts. Die Wiedergeburt christlicher Mystik. Goldmann 1988
Sudbrack, Josef: Die vergessene Mystik. Echter 1988
Sudbrack, Josef: Mystik. Selbsterfahrung – Kosmische Erfahrung – Gotteserfahrung. Quell-Verlag 1988

Welch, Sharon D.: Gemeinschaften des Widerstandes und der Solidarität. Eine feministische Solidarität. Eine feministische Theologie der Befreiung. Edition Exodus 1988
Wienand, Adam: Das Wirken der Orden und Klöster in Deutschland, Wienand 1964

Zadnikar, Marijan: Die Kartäuser. Orden der schweigenden Mönche. Wienand 1983

BILD-NACHWEIS

Claudia Thoma: Umschlagfoto, S. 2, S. 17–57, 110–131, 135–147
Anne-Marie Grobet: S. 9–15
Dieter Zinn: S. 62–69, 91–105, 132/33
Ernst Fesseler: S. 70–89